የ መ ን ደ ር ደ ሪ ያ

ቃ ላ ት

የእጅ ጽሕፈትና ንባብ መማሪያ

Amharic Ethiopian Script

Book Two

Learn writing and Reading

Laqech two

ኢትዮጵያ የቃል ኪዳን ምድር/Ethiopia- The Promised Land

Despite its rich legacy of language and culture, Ethiopia, Africa's oldest independent nation, remains essentially hidden to the world. Hopefully by offering useful tools and materials to teach Amharic (Ethiopia's language), culture and traditions; they will become fresh and vital for learners of all ages and walks of life.

It is a road to reconnect you or your children with your native culture, or a family who has risen as adopted Ethiopian children as your own, or an admirer of the language, culture, music, this is your starting point.

I

መግቢያ

ኢትዮጵያ በዓለም ጥንታዊ ከሚባሉት ሀገሮች ምሃል አንዷ ናት ቋንቋዋም የሚታወቀው ሰሜቲክ በመባል ነው ::

እነሱም

1. አረሚክ
2. አካዲያን
3. አረብኛ
4. ዕብርያስት

ሲሆኑ በቀጥታም ሆነ በተዘዋዋሪ ከአማርኛ ጋር ተመሳሳይነት አለው። አማርኛ ከነኚህ ቋንቋዎች ልዩ የሚያደርገው ቢኖር አጻጻፉ ነው።

ይኸውም አማርኛ የሚጻፈው ከግራ ወደ ቀኝ ሲሆን
1/ አረብኛ
2/ አረሚክ
3/ አኬዲያን
4/ ዕብራይስት

የሚጻፉት ከቀኝ ወደ ግራ ነው።
አማርኛ ጽሑፍ ለመማርም ሆነ ለማንበብ በጣም ቀላል ነው ምክንያቱም ምንም 231 ፊደላት ቢኖሩትም እያንዳንዱ ፊደል ሌላ አናባቢ ሳይፈልግ ድምጽ አሰጣጡ በመከተል የሚፈለገውን ቃል መፍጠርም ማንበብም ያስችላል።

መግቢያ.......

ምሳሌ ፩ መግቢያ- Entrance

ተራ	1	2	3	4	5	6	7
1	መ	ሙ	ሚ	ማ	ሜ	ም	ሞ
2	ገ	ጉ	ጊ	ጋ	ጌ	ግ	ጎ
3	በ	ቡ	ቢ	ባ	ቤ	ብ	ሞ
4	የ	ዩ	ዪ	ያ	ዬ	ይ	ዮ

1-1=መ
2-6=ግ
3-3=ቢ መግቢያ
4-4=ያ

በምሳሌው መሰረት ያለውን የፊደል ቃል ቅንብር በመመልከት ዝርያውን አክታትሎ በመጻፍ መለየት ማለት እንደቀደም ተከተሉ በመገጣጠም ወይንም በመጻፍ የተፈለገውን ቃል መፍጠር ብሎም ማንበብም ይቻላል።

ምሳሌ ፪ መኪና/ car

ተራ	1	2	3	4	5	6	7
1	መ	ሙ	ሚ	ማ	ሜ	ም	ሞ
2	ከ	ኩ	ኪ	ካ	ኬ	ክ	ኮ
3	ነ	ኑ	ኒ	ና	ኔ	ን	ኖ

1-1=መ
2-3=ኪ መኪና
3-4=ና

መግቢያ ....

አማርኛ በኢትዮጵያ አብዛኛው ሕዝብ የሚናገረው ቋንቋ ነው። ታሪካችንም ቅርሳችንም ከዚህ ቋንቋ ጋር የተያያዘ በመሆኑ ትውልድ እንዲያውቀው ማድረጉ የሁሉም ዜጋ ሃላፊነት ነው። ስለሆነም አዲሱ ትውልድ ከባህሉ ከታሪኩ ከቋንቋው እንዳይለያይ በማሰብ ባለ አቅምና ከተገኘው መረጃ ጋር በማገናዘብ የተዘጋጀ የጽፈትና የንባብ መማሪያ መጻሐፍ ነው።

አንድ ትውልድ ኢትዮጵያዊ (ዜጋ) ነኝ ማለት የሚያስችለው ቋንቋውን ሲያውቅና ታሪኩን ማስረዳት ሲችል ነው።ይህ ቋንቋ እራሱን የቻል ፊደል ና ቁጥር ያለው በተሞላ አቀነባብሮ በመጻፍ በቀላሉ ለማስርዳትም ሆነ ሃሳብን ለመግልጽ መጻፍና ማንብብ የሚያስችል ከአረብኛ በቀር ይህ ብቻኛ የጥቁር አፍሪካ ህዝቦች ቋንቋ ነው።

አማርኛ በዓለም መታወቅ ካለባቸው ቋንቋዎች መሃል አንዱ ነው። ምክንያቱም በዓለም ዙሪያ በሚሊዮን የሚቆጠር ህዝብ ይናገረዋል።

ምሳሌ ፫ ና/ Come here

ተራ	1	2	3	4	5	6	7
1	ነ	ኑ	ኒ	ና	ኔ	ን	ኖ

1-4=ና

Introduction

Ethiopia is one of the oldest civilized nations in the world. These Laqech-two Amharic script book prepared to teach writing and reading Amharic. Amharic is a Semitic language.

It is derived from sources such as

1. Aramaic
2. Arabic
3. Akkadian
4. Hebrew

Unlike these languages, Amharic is written from left to right. It is the most widely used and the working language of Ethiopia. This Laqech-Two book is intended for children and adults who want to learn to read and write Amharic.

To learn to write Amharic, it is not that difficult because it depends on individual characters of the Fidel alphabet. This means that in the Ethiopian alphabet character or letters represents itself by identifying its sound put them in order and you can create a word.

Fidel, the alphabet system, is used to read and speak Amharic. Fidel is made up of thirty three (33) base characters, each with its own unique sound. From each base character, another six characters are derived and each of these characters also has a unique pronunciation.

Follow the order in which the base characters and their "family" characters are presented.

For instance, let's say the first Amharic word, **Hagar** is pronounced with the Fidel base character ሀ (ha). From ሀ comes another six characters, represented by the words **Hulet** (ሁ, pronounced hu), **Hisab** (ሂ or hi), **Hail** (ሃ or haa), and so on.

This process aids your Amharic learning and if you are looking for even more information, please have a look at laqech One New and Book Three. The first of three courses in Amharic Work books

ምሳሌ/፩ /For Example: 1

ተራ/row	1	2	3	4	5	6	7
1	ሀ	ሁ	ሂ	ሃ	ሄ	ህ	ሆ
	ha	hu	Hi	haa	hey	h	ho

ምሳሌ/፪/For Example: 2

ተራ/row	1	2	3	4	5	6	7
1	ቀ	ቁ	ቂ	ቃ	ቄ	ቅ	ቆ
	qe	qu	qi	qa	qey	q	qo

All thirty-three basic alphabets have seven orders; these orders are using a proper alphabet sound which can make a word.

Introduction.......

ምሳሌ/1-For Example: 1

1. Tina/ ቲና

These words are a combination of two alphabets

ተራ/row	1	2	3	4	5	6	7	
1	ተ	ቱ	ቲ	ታ	ቴ	ት	ቶ	ቲ
2	ነ	ኑ	ኒ	ና	ኔ	ን	ኖ	ና

A combination of two alphabets in order columns 3 and 4

3   4

ቲ   ና

For example let's take these words:

1. Eskender/እስክንድር 2. Tina/ቲና
3. New York/ኒውዮርክ 4. Oakland/ኦክላንድ
5. James/ጀምስ

ምሳሌ/example 2. 4. Oakland/ኦክላንድ

The words are a combination of five alphabets in the different number columns

ተራ/row	1	2	3	4	5	6	7	
1	አ	ኡ	ኢ	ኣ	ኤ	እ	ኦ	ኦ
	aa	au	Ai	a-aa	aey	A	ao	ao
2	ከ	ኩ	ኪ	ካ	ኬ	ክ	ኮ	ክ
	ke	ku	Ki	Ka	key	K	ko	K
3	ለ	ሉ	ሊ	ላ	ሌ	ል	ሎ	ላ
	le	lu	Li	La	ley	L	lo	la
4	ነ	ኑ	ኒ	ና	ኔ	ን	ኖ	ን
	ne	nu	Ni	na	ney	N	no	N
5	ደ	ዱ	ዲ	ዳ	ዴ	ድ	ዶ	ድ
	de	du	Di	da	dey	D	do	D

The above example is a combination of seven, six, four, six and six. Different alphabets in order of numbers are: seven, six, four, six and six, columns.

7 **6 4 6 6**
ኦ ክ ላ ን ድ

Amharic is one of the only languages which have a complete set of alphabets and numbers in Africa besides Arabic.

Use of Extended Alphabet

Extended alphabets are additional characters that are very useful because they make unique sounds that are not included in basic Amharic Fidel.

ቅጥያ ፊደሎች/Extended Alphabets (1)

ተራ/ROW	ሏ-luwa	ሟ-muwa	ሧ-ሷsuwa	ሯ-ruwa
	መሰረቱ/ base	መሰረቱ/base	መሰረቱ/base	መሰረቱ/base
፩	ለ	መ	ሰ	ረ
፪	ሉ	ሙ	ሱ	ሩ
፫	ሊ	ሚ	ሲ	ሪ
፬	ላ	ማ	ሳ	ራ
፭	ሌ	ሜ	ሴ	ሬ
፮	ል	ም	ስ	ር
፯	ሎ	ሞ	ሶ	ሮ

ቅጥያ ፊደሎች/Extended Alphabets (2)

ተራ/ROW	ሿ- shuwa	ቋ- quwaa	ቧ-buwa	ቷ-tuwa
	መሰረቱ/base	መሰረቱ/base	መሰረቱ/base	መሰረቱ/base
፩	ሸ	ቀ	በ	ተ
፪	ሹ	ቁ	ቡ	ቱ
፫	ሺ	ቂ	ቢ	ቲ
፬	ሻ	ቃ	ባ	ታ
፭	ሼ	ቄ	ቤ	ቴ
፮	ሽ	ቅ	ብ	ት
፯	ሾ	ቆ	ቦ	ቶ

ቅጥያ ፊደሎች/Extended Alphabets (3)

ተራ/ROW	ቿ-chuwa	ቯ - vuwa	ኗ- nwah	ኟ- nguwa
	መሰረቱ/base	መሰረቱ/base	መሰረቱ/ base	መሰረቱ/base
፩	ቸ	ቨ ve	ነ	ኘ
፪	ቹ	ቩ vu	ኑ	ኙ
፫	ቺ	ቪ vi	ኒ	ኚ
፬	ቻ	ቫ va	ና	ኛ
፭	ቼ	ቬ vey	ኔ	ኜ
፮	ች	ቭ v	ን	ኝ
፯	ቾ	ቮ vo	ኖ	ኞ

ቅጥያ ፊደሎች/Extended Alphabets (4)

ተራ/ROW	ኋ -huwa	ኧ aua	ኳ-kuwa	ጇ-juwa	ፏ-fuwa
	መሰረቱ/base	መሰረቱ/base	መሰረቱ/base	መሰረቱ/base	መሰረቱ/base
፩	ኀ	አ	ከ	ጀ	ፈ
፪	ኁ	ኡ	ኩ	ጁ	ፉ
፫	ኂ	ኢ	ኪ	ጂ	ፊ
፬	ኃ	ኣ	ካ	ጃ	ፋ
፭	ኄ	ኤ	ኬ	ጄ	ፌ
፮	ኅ	እ	ክ	ጅ	ፍ
፯	ኆ	ኦ	ኮ	ጆ	ፎ

ቅጥያ ፊደሎች/Extended Alphabets (5)

ተራ/row	ዟ- zowa	ዧ- zjowa	ዷ-dowa	ጓ- guwa
	መሰረቱ/base	መሰረቱ/base	መሰረቱ/base	መሰረቱ/ base
፩	ዘ	ዠ	ደ	ገ
፪	ዙ	ዡ	ዱ	ጉ
፫	ዚ	ዢ	ዲ	ጊ
፬	ዛ	ዣ	ዳ	ጋ
፭	ዜ	ዤ	ዴ	ጌ
፮	ዝ	ዥ	ድ	ግ
፯	ዞ	ዦ	ዶ	ጎ

ቅጥያ ፊደሎች/Extended Alphabets (6)

ተራROW	ጧ-towa	ጯ-chowa	ጷ-powa	ጿ- tsuwa
	መሰረቱ/base	መሰረቱ/base	መሰረቱ/ base	መሰረቱ/ base
፩	ጠ	ጨ	ጰ	ጸ
፪	ጡ	ጩ	ጱ	ጹ
፫	ጢ	ጪ	ጲ	ጺ
፬	ጣ	ጫ	ጳ	ጻ
፭	ጤ	ጬ	ጴ	ጼ
፮	ጥ	ጭ	ጵ	ጽ
፯	ጦ	ጮ	ጶ	ጾ

ቅጥያ ፊደሎች/Extended Alphabets

ምሳሌ/Example

(This shows how the extended alphabets sound)

ጧ - tuwa-ale

1. Tuwa-ale/ጧአለ-something broken or exploded

ጯ-chuwa

2. Techuchohu-lejochu-ተጯጯሁ ልጆቹ-
    A sound of children and children mingling (playing?)

ቋ-quwa

3. Alaquwaretum -አላቋረጡም-they never missed (plural)

ኳ-kuwa

4. Tenkuwakuwa -ተንኳኳ- rattling/knocking sound

ኋ-huwa

5. Behuwala -በኋላ- later on, after or in the back

አቦጊዳ /Abugida (other version of fidel)

ተራ	1	2	3	4	5	6	7
1	አ	ቡ	ጊ	ዳ	ሄ	ው	ዞ
2	በ	ጉ	ዲ	ሃ	ዌ	ዝ	ዦ
3	ገ	ዱ	ሂ	ዋ	ዜ	ዥ	ሖ
4	ደ	ሁ	ዊ	ዛ	ዤ	ሕ	ጦ
5	ሀ	ዉ	ዚ	ዣ	ሔ	ጥ	ጮ
6	ወ	ዙ	ዢ	ሓ	ጤ	ጭ	ዮ
7	ዘ	ዡ	ሒ	ጣ	ጬ	ይ	ኮ
8	ዠ	ሑ	ጢ	ጫ	ዬ	ክ	ኾ
9	ሐ	ጡ	ጪ	ያ	ኬ	ኽ	ሎ
10	ጠ	ጩ	ዪ	ካ	ኼ	ል	ሞ
11	ጨ	ዩ	ኪ	ኻ	ሌ	ም	ኖ
12	የ	ኩ	ኺ	ላ	ሜ	ን	ኞ
13	ከ	ኹ	ሊ	ማ	ኔ	ኝ	ሶ
14	ኸ	ሉ	ሚ	ና	ኜ	ስ	ሾ
15	ለ	ሙ	ኒ	ኛ	ሴ	ሽ	ዖ
16	መ	ኑ	ኚ	ሳ	ሼ	ዕ	ፎ
17	ነ	ኙ	ሲ	ሻ	ዔ	ፍ	ጾ
18	ኘ	ሱ	ሺ	ዓ	ፌ	ጽ	ቆ
19	ሰ	ሹ	ዒ	ፋ	ጼ	ቅ	ሮ
20	ሸ	ዑ	ፊ	ጻ	ቄ	ር	ሦ
21	ዐ	ፉ	ጺ	ቃ	ሬ	ሥ	ቶ
22	ፈ	ጹ	ቂ	ራ	ሤ	ት	ቾ
23	ጸ	ቁ	ሪ	ሣ	ቴ	ች	ኆ
24	ቀ	ሩ	ሢ	ታ	ቼ	ኅ	ጶ
25	ረ	ሡ	ቲ	ቻ	ኄ	ጵ	ፆ
26	ሠ	ቱ	ቺ	ኃ	ጴ	ፅ	ፖ
27	ተ	ቹ	ኂ	ጳ	ፄ	ፕ	ጆ
28	ቸ	ኁ	ጲ	ፃ	ፔ	ጅ	ኦ
29	ኀ	ጱ	ፂ	ፓ	ጄ	እ	ቦ
30	ጰ	ፁ	ፒ	ጃ	ኤ	ብ	ጎ
31	ፀ	ፑ	ጂ	ኣ	ቤ	ግ	ዶ
32	ፐ	ጁ	ኢ	ባ	ጌ	ድ	ሆ
33	ጀ	ኡ	ቢ	ጋ	ዴ	ህ	ዎ

A Note from the Author

Did you know that the Ethiopian calendar is seven to eight years behind the Gregorian calendar?

Do you know that Ethiopia has 13 months in a year?

The 13th month with five or six days only is called **"Pagumey"**

The European and the other countries in the world that use the Western calendar have 12 months in a year.

The Ethiopian months (compared to European and Western Calendars) are also lagging by nine, eight and seven days depending on leap year), where the two calendars month's match. The twelve month has 30 days. Ethiopia is the only country on the planet, which follows the ancient, true fact calendar and testament from our ancestors, before human evolution, to Egypt, Kermit, Nubian, Kush, and so on…
Ethiopian New Year starts in September which is: Meskerm and Pagumey.
This should give you how Ethiopia is an old country and has a lot to share. This is just for a head start.

Here are Ethiopian month's prounouncation.

1. Sep - Meskerm,   2. Oct – Teqemet   3. Nov - Hedar

4. Dec - Tahesas   5. Jan - Ter   6. Feb-Yekatit

7. Mar- Megabit   8. Apr--Myazeya   9. May-enbot

10. Jun - Seney   11. July - Hameley   12. Aug -hasey

13. Pagumey

ማውጫ/Table of Content

ክፍል ፩ (kefl ande)
Part one

ክፍል ፩ (kefl ande) Part one

1.1-1

ፊደሉን ማወቅ ና በተሰጠው ቦታ ላይ አናባቢውን መጻፍ፤

Fidelun maweqna betesetw bota lay anababewn metsaf

Identify the alphabet and write it in the given space.

ምሳሌ/Example-1

ተራ/row	1	2	3	4	5	6	7
1	አ	ቡ	ጊ	ዳ	ሄ	ው	ዞ
pro	aa	bu	gi	da	hey	w	zo

1. መለማመጃ/Exercise

row/ተራ	1	2	3	4	5	6	7
1	ለ	ሉ	ሊ	ላ	ሌ	ል	ሎ
pro							
2	ሸ	ሹ	ሺ	ሻ	ሼ	ሽ	ሾ
pro							
3	ጸ	ቁ	ሪ	ሣ	ቴ	ኘ	ኞ
pro							

ምሳሌ/Example-2

ተራ/ row	1	2	3	4	5	6	7
1	ኸ	ኹ	ኺ	ኻ	ኼ	ኽ	ኾ
pro	heh	huh	hih	hah	hehy	h	ho

ክፍል ፩ (kefl ande) Part one

1.1-2

ፊደሉን ማወቅና በተሰጠው ቦታ ላይ አናባቢውን መጻፍ። Fidelun maweqna betesetw bota lay anababiwn metsaf/**Identify the (Fidel) pronounce it then write it down in the given space.**

1-1 **መለማመጃ**/Exercise

ተራ/row	1	Pro	2	Pro	3	Pro	4	Pro	5	Pro	6	Pro	7
1	ሀ		ሁ		ሂ		ሃ		ሄ		ህ		ሆ
2	ለ		ሉ		ሊ		ላ		ሌ		ል		ሎ
3	ሐ		ሑ		ሒ		ሓ		ሔ		ሕ		ሖ
4	መ		ሙ		ሚ		ማ		ሜ		ም		ሞ
5	ሠ		ሡ		ሢ		ሣ		ሤ		ሥ		ሦ
6	ረ		ሩ		ሪ		ራ		ሬ		ር		ሮ
7	ሰ		ሱ		ሲ		ሳ		ሴ		ስ		ሶ
8	ሸ		ሹ		ሺ		ሻ		ሼ		ሽ		ሾ
9	ቀ		ቁ		ቂ		ቃ		ቄ		ቅ		ቆ
10	በ		ቡ		ቢ		ባ		ቤ		ብ		ቦ
11	ተ		ቱ		ቲ		ታ		ቴ		ት		ቶ
12	ቸ		ቹ		ቺ		ቻ		ቼ		ች		ቾ
13	ኀ		ኁ		ኂ		ኃ		ኄ		ኅ		ኆ
14	ነ		ኑ		ኒ		ና		ኔ		ን		ኖ
15	ኘ		ኙ		ኚ		ኛ		ኜ		ኝ		ኞ
16	አ		ኡ		ኢ		ኣ		ኤ		እ		ኦ
17	ከ		ኩ		ኪ		ካ		ኬ		ክ		ኮ
18	ኸ		ኹ		ኺ		ኻ		ኼ		ኽ		ኾ
19	ወ		ዉ		ዊ		ዋ		ዌ		ው		ዎ
20	ዐ		ዑ		ዒ		ዓ		ዔ		ዕ		ዖ
21	ዘ		ዙ		ዚ		ዛ		ዜ		ዝ		ዞ
22	ዠ		ዡ		ዢ		ዣ		ዤ		ዥ		ዦ
23	የ		ዩ		ዪ		ያ		ዬ		ይ		ዮ
24	ደ		ዱ		ዲ		ዳ		ዴ		ድ		ዶ
25	ጀ		ጁ		ጂ		ጃ		ጄ		ጅ		ጆ
26	ገ		ጉ		ጊ		ጋ		ጌ		ግ		ጎ
27	ጠ		ጡ		ጢ		ጣ		ጤ		ጥ		ጦ
28	ጨ		ጩ		ጪ		ጫ		ጬ		ጭ		ጮ
29	ጸ		ጹ		ጺ		ጻ		ጼ		ጽ		ጾ
30	ጰ		ጱ		ጲ		ጳ		ጴ		ጵ		ጶ
31	ፀ		ፁ		ፂ		ፃ		ፄ		ፅ		ፆ
32	ፈ		ፉ		ፊ		ፋ		ፌ		ፍ		ፎ
33	ፐ		ፑ		ፒ		ፓ		ፔ		ፕ		ፖ

ክፍል ፩ (kefl ande) Part one

1-2-1

የጎደለውን ፊደል መሙላት / *Yegodelewn Fidel memulat*

1 ምሳሌ-example-Mesaley /**Look at the table and find the missing alphabet?**

ተራ	1	2	3	4	5	6	7
1	ሰ	ሱ	ሲ	ሳ	ሴ	ስ	ሶ

መልስ/mels/ **answer የጎደለ ፊደል የለም**-Ye godel fidel yelem-**No missing Fidel**

Fill in the missing Alphabet (Fidel)

ተራ	1	3	3	4	5	6	7
1	ሀ	ሁ		ሃ		ህ	ሆ
2				ላ			
3	ሐ		ሒ		ሔ		ሖ
4		ሙ		ማ		ም	
5	ሠ		ሢ	ሣ			ሦ
7	ሰ		ሲ		ሴ		ሶ
8	ሸ	ሹ			ሼ		ሾ
9		ቁ		ቃ		ቅ	ቆ
10	በ		ቢ		ቤ		
11		ቱ					ቶ
12			ቺ	ቻ	ቼ	ች	ቾ
13	ኀ		ኂ				
14	ነ		ኒ	ና			ኖ
15	ኘ	ኙ	ኚ			ኝ	ኞ
16		ኡ	ኢ		ኤ	እ	ኦ
17	ከ		ኪ	ካ	ኬ		ኮ
18	ወ		ኺ	ኻ	ኼ	ኽ	ኾ
19				ዋ		ው	
20		ዑ	ዒ		ዔ		ዖ
21	ዘ	ዙ		ዛ	ዜ		
22	ዠ	ዡ		ዣ	ዤ	ዥ	ዠ
23	የ		ዩ	ዪ			
24	ደ	ዱ		ዳ		ድ	ዶ
25	ጀ	ጁ	ጂ	ጃ		ጄ	
26	ገ		ጊ	ጋ	ጌ	ግ	ጎ
27	ጠ				ጤ		
28	ጨ			ጫ			
29	ጸ		ጺ	ጻ	ጼ		ጾ
30	ጸ			ጻ			ጾ
31	ፀ	ፁ	ፂ			ፅ	
32	ፈ		ፊ	ፋ	ፌ		
33		ፑ	ፒ			ፕ	

ክፍል ፩ (kefl ande) Part one

1.2.2

የጎደለውን ፊደል መሙላት/Yegodelewn Fidel memulat

Fill in the missing Fidel.

ተራ	1	2	3	4	5	6	7
1	ሀ						
2	ለ						
3	ሐ						
4	መ						
5	ሠ						
6	ረ						
7	ሰ						
8	ሸ						
9	ቀ						
10	በ						
11	ተ						
12	ቸ						
13	ኀ						
14	ነ						
15	ኘ						
16	አ						
17	ከ						
18	ኸ						
19	ወ						
20	ዐ						
21	ዘ						
22	ዠ						
23	የ						
24	ደ						
25	ጀ						
26	ገ						
27	ጠ						
28	ጨ						
29	ጰ						
30	ጸ						
31	ፀ						
32	ፈ						
33	ፐ						

ክፍል ፩ (kefl ande) Part one

1.3.0

የጅ ጽሁፍ መለማመጃ/Exercise handwriting

ምስያውን ደጋግሞ መጻፍ/ Mesyawen degagemo mestaf

ምሳሌ/Example 1.

ሰ	ሰ	ሰ	ሰ
ሱ	ሱ	ሱ	ሱ
ሲ	ሲ	ሲ	ሲ
ሳ	ሳ	ሳ	ሳ
ሴ	ሴ	ሴ	ሴ
ስ	ስ	ስ	ስ
ሶ	ሶ	ሶ	ሶ

ምሳሌ/Example 2.

ቀ	ቀ	ቀ	ቀ
ቁ	ቁ	ቁ	ቁ
ቂ	ቂ	ቃ	ቄ
ቃ	ቃ	ቃ	ቃ
ቄ	ቄ	ቄ	ቄ
ቅ	ቅ	ቅ	ቅ
ቆ	ቆ	ቆ	ቆ

ክፍል ፩ (kefl ande) Part one

1.3.1

የጅ ጽሁፍ መለማመድ/ Exercise Handwriting

ሀ					
ሁ					
ሂ					
ሃ					
ሄ					
ህ					
ሆ					

የጅ ጽሁፍ ዓይነት/ Handwriting sample

ሀ	ሀ	ሀ	ሀ	ሀ	ሀ
ሁ	ሁ	ሁ	ሁ	ሁ	ሁ
ሂ	ሂ	ሂ	ሂ	ሂ	ሂ
ሃ	ሃ	ሃ	ሃ	ሃ	ሃ
ሄ	ሄ	ሄ	ሄ	ሄ	ሄ
ህ	ህ	ህ	ህ	ህ	ህ
ሆ	ሆ	ሆ	ሆ	ሆ	ሆ

ክፍል ፩ (kefl ande) Part one

1.3.2

ጽሁፍ መለማመጃ – Handwriting exercise/ **tsehuf melmameja**

ለ	ከ				
ሉ					
ሊ					
ላ					
ሌ					
ል					
ሎ					

የጅ ጽሁፍ ዓይነት / Handwriting sample

ለ	ከ	ከ	ከ	ከ	ከ
ሉ	ኩ	ኩ	ኩ	ኩ	ኩ
ሊ	ኪ	ኪ	ኪ	ኪ	ኪ
ላ	ካ	ካ	ካ	ካ	ካ
ሌ	ኬ	ኬ	ኬ	ኬ	ኬ
ል	ክ	ክ	ክ	ክ	ክ
ሎ	ኮ	ኮ	ኮ	ኮ	ኮ

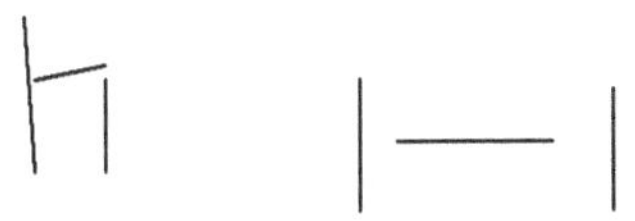

ክፍል ፩ (kefl ande) Part one

1.3.3

ጽሁፍ መለማመጃ – Handwriting exercise/ **tsehuf melmameja**

ሐ					
ሑ					
ሒ					
ሓ					
ሔ					
ሕ					
ሖ					

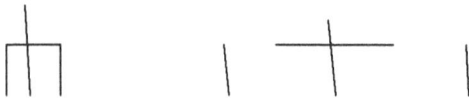

የጅ ጽሁፍ ዓይነት / *Handwriting* **sample**

ሐ	ሐ	ሐ	ሐ	ሐ	ሐ
ሑ	ሑ	ሑ	ሑ	ሑ	ሑ
ሒ	ሒ	ሒ	ሒ	ሒ	ሒ
ሓ	ሓ	ሓ	ሓ	ሓ	ሓ
ሔ	ሔ	ሔ	ሔ	ሔ	ሔ
ሕ	ሕ	ሕ	ሕ	ሕ	ሕ
ሖ	ሖ	ሖ	ሖ	ሖ	ሖ

ክፍል ፩ (kefl ande) Part one

1.3.4

ጽሁፍ መለማመጃ– Handwriting Exercise/**tsehuf melmameja**

መ	□□				
ሙ					
ሚ					
ማ					
ሜ					
ም					
ሞ					

የጅ ጽሁፍ ዓይነት /handwriting sample

መ	መ	መ	መ	መ	መ
ሙ	ሙ	ሙ	ሙ	ሚ	ማ
ሚ	ሚ	ሚ	ሚ	ሚ	ሚ
ማ	ማ	ማ	ማ	ማ	ማ
ሜ	ሜ	ሜ	ሜ	ሜ	ሜ
ም	ም	ም	ም	ም	ም
ሞ	ሞ	ሞ	ሞ	ሞ	ሞ

ክፍል ፩ (kefl ande) Part one

1.3.5

ጽሁፍ መለማመጃ – Handwriting exercise/ **tsehuf melmameja**

ሠ	⎿⎽⎿⏌⎿			
ሡ				
ሢ				
ሣ				
ሤ				
ሥ				
ሦ				

የጅ ጽሁፍ ዓይነት /handwriting sample

ሠ	ሠ	ሠ	ሠ	ሠ	ሠ
ሡ	ሡ	ሡ	ሡ	ሡ	ሡ
ሢ	ሢ	ሢ	ሢ	ሢ	ሢ
ሣ	ሣ	ሣ	ሣ	ሣ	ሣ
ሤ	ሤ	ሤ	ሤ	ሤ	ሤ
ሥ	ሥ	ሥ	ሥ	ሥ	ሥ
ሦ	ሦ	ሦ	ሦ	ሦ	ሦ

ክፍል ፩ (kefl ande) Part one

1.3.6

ጽሁፍ መለማመጃ – Handwriting exercise/ **tsehuf melmameja**

ረ					
ሩ					
ሪ					
ራ					
ሬ					
ር					
ሮ					

***የጅ ጽሁፍ ዓይነት / handwriting* sample**

ረ	ረ	ረ	ረ	ረ	ረ
ሩ	ሩ	ሩ	ሩ	ሩ	ሩ
ሪ	ሪ	ሪ	ሪ	ሪ	ሪ
ራ	ራ	ራ	ራ	ራ	ራ
ሬ	ሬ	ሬ	ሬ	ሬ	ሬ
ር	ር	ር	ር	ር	ር
ሮ	ሮ	ሮ	ሮ	ሮ	ሮ

1.3.7

ጽሁፍ መለማመጃ – Handwriting exercise/ **tsehuf melmameja**

ሰ					
ሱ					
ሲ					
ሳ					
ሴ					
ስ					
ሶ					

***የጅ ጽሁፍ ዓይነት / handwriting* sample**

ሰ	ሰ	ሰ	ሰ	ሰ	ሰ
ሱ	ሱ	ሱ	ሱ	ሱ	ሱ
ሲ	ሲ	ሲ	ሲ	ሲ	ሲ
ሳ	ሳ	ሳ	ሳ	ሳ	ሳ
ሴ	ሴ	ሴ	ሴ	ሴ	ሴ
ስ	ስ	ስ	ስ	ስ	ስ
ሶ	ሶ	ሶ	ሶ	ሶ	ሶ

ክፍል ፩ (kefl ande) Part one

1.3.8

ጽሁፍ መለማመጃ – Handwriting exercise/ **tsehuf melmameja**

ሸ					
ሹ					
ሺ					
ሻ					
ሼ					
ሽ					
ሾ					

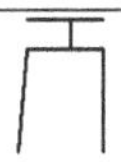

***የጅ ጽሁፍ ዓይነት / handwriting* sample**

ሸ	ሸ	ሸ	ሸ	ሸ	ሸ
ሹ	ሹ	ሹ	ሹ	ሹ	ሹ
ሺ	ሺ	ሺ	ሺ	ሺ	ሺ
ሻ	ሻ	ሻ	ሻ	ሻ	ሻ
ሼ	ሼ	ሼ	ሼ	ሼ	ሼ
ሽ	ሽ	ሽ	ሽ	ሽ	ሽ
ሾ	ሾ	ሾ	ሾ	ሾ	ሾ

1.3.9

ጽሁፍ መለማመጃ – Handwriting exercise/ **tsehuf melmameja**

ቀ	ቁ	ቂ	ቃ	ቄ	ቅ	ቆ
ቀ						

የጅ ጽሁፍ ዓይነት / handwriting sample

ቀ	ቁ	ቂ	ቃ	ቄ	ቅ	ቆ
ቀ	ቁ	ቂ	ቃ	ቄ	ቅ	ቆ
ቀ	ቁ	ቂ	ቃ	ቄ	ቅ	ቆ
ቀ	ቁ	ቂ	ቃ	ቄ	ቅ	ቆ
ቀ	ቁ	ቂ	ቃ	ቄ	ቅ	ቆ
ቀ	ቁ	ቂ	ቃ	ቄ	ቅ	ቆ
ቀ	ቁ	ቂ	ቃ	ቄ	ቅ	ቆ

ክፍል ፩ (kefl ande) Part one

1.3.10

ጽሁፍ መለማመጃ – Handwriting exercise/ **tsehuf melmameja**

በ	ቡ	ቢ	ባ	ቤ	ብ	ቦ

የጅ ጽሁፍ ዓይነት / handwriting **sample**

በ	ቡ	ቢ	ባ	ቤ	ብ	ቦ
በ	ቡ	ቢ	ባ	ቤ	ብ	ቦ
በ	ቡ	ቢ	ባ	ቤ	ብ	ቦ
በ	ቡ	ቢ	ባ	ቤ	ብ	ቦ
በ	ቡ	ቢ	ባ	ቤ	ብ	ቦ

ክፍል ፩ (kefl ande) Part one

1.3.11

ጽሁፍ መለማመጃ – Handwriting exercise/ **tsehuf melmameja**

ተ	ቱ	ቲ	ታ	ቴ	ት	ቶ
	┼					

የጅ ጽሁፍ ዓይነት / *handwriting* **sample**

ተ	ቱ	ቲ	ታ	ቴ	ት	ቶ
ተ	ቱ	ቲ	ታ	ቴ	ት	ቶ
ተ	ቱ	ቲ	ታ	ቴ	ት	ቶ
ተ	ቱ	ቲ	ታ	ቴ	ት	ቶ
ተ	ቱ	ቲ	ታ	ቴ	ት	ቶ

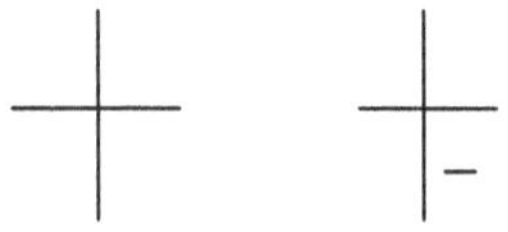

┼ ┼

ክፍል ፩ (kefl ande) Part one

1.3.12

ጽሁፍ መለማመጃ – Handwriting exercise/ **tsehuf melmameja**

ቸ	ቹ	ቺ	ቻ	ቼ	ች	ቾ

የጅ ጽሁፍ ዓይነት / handwriting sample

ቸ	ቹ	ቺ	ቻ	ቼ	ች	ቾ
ቸ	ቹ	ቺ	ቻ	ቼ	ች	ቾ
ቸ	ቹ	ቺ	ቻ	ቼ	ች	ቾ
ቸ	ቹ	ቺ	ቻ	ቼ	ች	ቾ
ቸ	ቹ	ቺ	ቻ	ቼ	ች	ቾ
ቸ	ቹ	ቺ	ቻ	ቼ	ች	ቾ

ክፍል ፩ (kefl ande) Part one

1.3.13

ጽሁፍ መለማመጃ – Handwriting exercise/ **tsehuf melmameja**

ኘ	ኙ	ኚ	ኛ	ኜ	ኝ	ኞ

የጅ ጽሁፍ ዓይነት / handwriting **sample**

ኘ	ኙ	ኚ	ኛ	ኜ	ኝ	ኞ
ኘ	ኙ	ኚ	ኛ	ኜ	ኝ	ኞ
ኘ	ኙ	ኚ	ኛ	ኜ	ኝ	ኞ
ኘ	ኙ	ኚ	ኛ	ኜ	ኝ	ኞ
ኘ	ኙ	ኚ	ኛ	ኜ	ኝ	ኞ

ክፍል ፩ (kefl ande) Part one

1.3.14

ጽሁፍ መለማመጃ – Handwriting exercise/ **tsehuf melmameja**

ነ	ኑ	ኒ	ና	ኔ	ን	ኖ

የጅ ጽሁፍ ዓይነት / handwriting sample

ነ	ኑ	ኒ	ና	ኔ	ን	ኖ
ነ	ኑ	ኒ	ና	ኔ	ን	ኖ
ነ	ኑ	ኒ	ና	ኔ	ን	ኖ
ነ	ኑ	ኒ	ና	ኔ	ን	ኖ
ነ	ኑ	ኒ	ና	ኔ	ን	ኖ

1.3.15

ጽሁፍ መለማመጃ – Handwriting exercise/ **tsehuf melmameja**

ኘ	ኙ	ኚ	ኛ	ኜ	ኝ	ኞ

የጅ ጽሁፍ ዓይነት / handwriting **sample**

ኘ	ኙ	ኚ	ኛ	ኜ	ኝ	ኞ
ኘ	ኙ	ኚ	ኛ	ኜ	ኝ	ኞ
ኘ	ኙ	ኚ	ኛ	ኜ	ኝ	ኞ
ኘ	ኙ	ኚ	ኛ	ኜ	ኝ	ኞ
ኘ	ኙ	ኚ	ኛ	ኜ	ኝ	ኞ

ክፍል ፩ (kefl ande) Part one

1.3.16

ጽሁፍ መለማመጃ – Handwriting exercise/ **tsehuf melmameja**

አ	ኡ	ኢ	ኣ	ኤ	እ	ኦ

የጅ ጽሁፍ ዓይነት / handwriting **sample**

አ	ኡ	ኢ	ኣ	ኤ	እ	ኦ
አ	ኡ	ኢ	ኣ	ኤ	እ	ኦ
አ	ኡ	ኢ	ኣ	ኤ	እ	ኦ
አ	ኡ	ኢ	ኣ	ኤ	እ	ኦ
አ	ኡ	ኢ	ኣ	ኤ	እ	ኦ

ክፍል ፩ (kefl ande) Part one

1.3.17

ጽሁፍ መለማመጃ – Handwriting exercise/ **tsehuf melmameja**

ከ				
ኩ				
ኪ				
ካ				
ኬ				
ክ				
ኮ				

***የጅ ጽሁፍ ዓይነት / handwriting* sample**

ከ	ከ	ከ	ከ	ከ
ኩ	ኩ	ኩ	ኩ	ኩ
ኪ	ኪ	ኪ	ኪ	ኪ
ካ	ካ	ካ	ካ	ካ
ኬ	ኬ	ኬ	ኬ	ኬ
ክ	ክ	ክ	ክ	ክ
ኮ	ኮ	ኮ	ኮ	ኮ

ክፍል ፩ (kefl ande) Part one

1.3.18

ጽሁፍ መለማመጃ – Handwriting exercise/ **tsehuf melmameja**

ኸ				
ኹ				
ኺ				
ኻ				
ኼ				
ኽ				
ኾ				

የጅ ጽሁፍ ዓይነት/ handwriting **sample**

ኸ	ኸ	ኸ	ኸ	ኸ	ኸ
ኹ	ኹ	ኹ	ኹ	ኹ	ኹ
ኺ	ኺ	ኺ	ኺ	ኺ	ኺ
ኻ	ኻ	ኻ	ኻ	ኻ	ኻ
ኼ	ኼ	ኼ	ኼ	ኼ	ኼ
ኽ	ኽ	ኽ	ኽ	ኽ	ኽ
ኾ	ኾ	ኾ	ኾ	ኾ	ኾ

ክፍል ፩ (kefl ande) Part one

1.3.19

ጽሁፍ መለማመጃ – Handwriting exercise/ **tsehuf melmameja**

ወ					
ዉ					
ዊ					
ዋ					
ዌ					
ው					
ዎ					

የጅ ጽሁፍ ዓይነት/ handwriting **sample**

ወ	ወ	ወ	ወ	ወ	ወ
ዉ	ዉ	ዉ	ዉ	ዉ	ዉ
ዊ	ዊ	ዊ	ዊ	ዊ	ዊ
ዋ	ዋ	ዋ	ዋ	ዋ	ዋ
ዌ	ዌ	ዌ	ዌ	ዊ	ዌ
ው	ው	ው	ው	ው	ው
ዎ	ዎ	ዎ	ዎ	ዎ	ዎ

ክፍል ፩ (kefl ande) Part one

1.3.20

ጽሁፍ መለማመጃ – Handwriting exercise/ **tsehuf melmameja**

ዐ					
ዑ					
ዒ					
ዓ					
ዔ					
ዕ					
ዖ					

የጅ ጽሁፍ ዓይነት/ *handwriting* sample

ዐ	ዐ	ዐ	ዐ	ዐ	ዐ
ዑ	ዑ	ዑ	ዑ	ዑ	ዑ
ዒ	ዒ	ዒ	ዒ	ዒ	ዒ
ዓ	ዓ	ዓ	ዓ	ዓ	ዓ
ዔ	ዔ	ዔ	ዔ	ዔ	ዔ
ዕ	ዕ	ዕ	ዕ	ዕ	ዕ
ዖ	ዖ	ዖ	ዖ	ዖ	ዖ

ክፍል ፩ (kefl ande) Part one

1.3.21

ጽሁፍ መለማመጃ – Handwriting exercise/ **tsehuf melmameja**

ዘ					
ዙ					
ዚ					
ዛ					
ዜ					
ዝ					
ዞ					

***የጅ ጽሁፍ ዓይነት/ handwriting* sample**

ዘ	ዘ	ዘ	ዘ	ዘ	ዘ
ዙ	ዙ	ዙ	ዙ	ዙ	ዙ
ዚ	ዚ	ዚ	ዚ	ዚ	ዚ
ዛ	ዛ	ዛ	ዛ	ዛ	ዛ
ዜ	ዜ	ዜ	ዜ	ዜ	ዜ
ዝ	ዝ	ዝ	ዝ	ዝ	ዝ
ዞ	ዞ	ዞ	ዞ	ዞ	ዞ

ክፍል ፩ (kefl ande) Part one

1.3.22

ጽሁፍ መለማመጃ – Handwriting exercise/ **tsehuf melmameja**

ዠ					
ዡ					
ዢ					
ዣ					
ዤ					
ዥ					
ዦ					

የጅ ጽሁፍ ዓይነት/ handwriting sample

ዠ	ዠ	ዠ	ዠ	ዠ	ዠ
ዡ	ዡ	ዡ	ዡ	ዡ	ዡ
ዢ	ዢ	ዢ	ዢ	ዢ	ዢ
ዣ	ዣ	ዣ	ዣ	ዣ	ዣ
ዤ	ዤ	ዤ	ዤ	ዤ	ዤ
ዥ	ዥ	ዥ	ዥ	ዥ	ዥ
ዦ	ዦ	ዦ	ዦ	ዦ	ዦ

ክፍል ፩ (kefl ande) Part one

1.3.23

ጽሁፍ መለማመጃ – Handwriting exercise/ **tsehuf melmameja**

የ					
ዩ					
ዪ					
ያ					
ዬ					
ይ					
ዮ					

***የጅ ጽሁፍ ዓይነት/ handwriting* sample**

የ	የ	የ	የ	የ	የ
ዩ	ዩ	ዩ	ዩ	ዩ	ዩ
ዪ	ዪ	ዪ	ዪ	ዪ	ዪ
ያ	ያ	ያ	ያ	ያ	ያ
ዬ	ዬ	ዬ	ዬ	ዬ	ዬ
ይ	ይ	ይ	ይ	ይ	ይ
ዮ	ዮ	ዮ	ዮ	ዮ	ዮ

ክፍል ፩ (kefl ande) Part one

1.3.24

ጽሁፍ መለማመጃ – Handwriting exercise/ **tsehuf melmameja**

ዸ					
ዹ					
ዺ					
ዻ					
ዼ					
ዽ					
ዾ					

***የጅ ጽሁፍ ዓይነት /handwriting* sample**

ዸ	ዸ	ዸ	ዸ	ዸ	ዸ
ዹ	ዹ	ዹ	ዹ	ዹ	ዹ
ዺ	ዺ	ዺ	ዺ	ዺ	ዺ
ዻ	ዻ	ዻ	ዻ	ዻ	ዻ
ዼ	ዼ	ዼ	ዼ	ዼ	ዼ
ዽ	ዽ	ዽ	ዽ	ዽ	ዽ
ዾ	ዾ	ዾ	ዾ	ዾ	ዾ

1.3.25

ጸሁፍ መለማመጃ – Handwriting exercise/ **tsehuf melmameja**

ጀ					
ጁ					
ጂ					
ጃ					
ጄ					
ጅ					
ጆ					

የጅ ጸሁፍ መለማመጃ/ **handwriting sample**

ጀ	ጀ	ጀ	ጀ	ጀ	ጀ
ጁ	ጀ	ጀ	ጀ	ጀ	ጀ
ጂ	ጂ	ጂ	ጂ	ጂ	ጂ
ጃ	ጃ	ጃ	ጃ	ጃ	ጃ
ጄ	ጄ	ጄ	ጄ	ጄ	ጄ
ጅ	ጅ	ጅ	ጅ	ጅ	ጅ
ጆ	ጆ	ጆ	ጆ	ጆ	ጆ

ክፍል ፩ (kefl ande) Part one

1.3.26

ጽሁፍ *መለማመጃ* – Handwriting exercise/ **tsehuf melmameja**

ገ					
ጉ					
ጊ					
ጋ					
ጌ					
ግ					
ጎ					

የጅ ጽሁፍ *ዓይነት* handwriting sample

ገ	ገ	ገ	ገ	ገ	ገ
ጉ	ጉ	ጉ	ጉ	ጉ	ጉ
ጊ	ጊ	ጊ	ጊ	ጊ	ጊ
ጋ	ጋ	ጋ	ጋ	ጋ	ጋ
ጌ	ጌ	ጌ	ጌ	ጌ	ጌ
ግ	ግ	ግ	ግ	ግ	ግ
ጎ	ጎ	ጎ	ጎ	ጎ	ጎ

ክፍል ፩ (kefl ande) Part one

1.3.27

ጽሁፍ መለማመጃ – Handwriting exercise/ **tsehuf melmameja**

ጠ					
ጡ					
ጢ					
ጣ					
ጤ					
ጥ					
ጦ					

የጅ ጽሁፍ ዓይነት/ handwriting **sample**

ጠ	ጠ	ጠ	ጠ	ጠ	ጠ
ጡ	ጡ	ጡ	ጡ	ጡ	ጡ
ጢ	ጢ	ጢ	ጢ	ጢ	ጢ
ጣ	ጣ	ጣ	ጣ	ጣ	ጣ
ጤ	ጤ	ጤ	ጤ	ጤ	ጤ
ጥ	ጥ	ጥ	ጥ	ጥ	ጥ
ጦ	ጦ	ጦ	ጦ	ጦ	ጦ

ክፍል ፩ (kefl ande) Part one

1.3.28

ጽሁፍ መለማመጃ – Handwriting exercise/ tsehuf melmameja

ጨ					
ጩ					
ጪ					
ጫ					
ጬ					
ጭ					
ጮ					

የጅ ጽሁፍ ዓይነት/ handwriting sample

ጨ	ጨ	ጨ	ጨ	ጨ	ጨ
ጩ	ጩ	ጩ	ጩ	ጩ	ጩ
ጪ	ጪ	ጪ	ጪ	ጪ	ጪ
ጫ	ጫ	ጫ	ጫ	ጫ	ጫ
ጬ	ጬ	ጬ	ጬ	ጬ	ጬ
ጭ	ጭ	ጭ	ጭ	ጭ	ጭ
ጮ	ጮ	ጮ	ጮ	ጮ	ጮ

ክፍል ፪ (kefl ande) Part one

1.3.29

ጽሑፍ *መለማመጃ* – Handwriting exercise/ **tsehuf melmameja**

ጷ					
ጹ					
ጺ					
ጻ					
ጼ					
ጽ					
ጾ					

የ�js ጽሑፍ *ዓይነት*/ handwriting sample

ጷ	ጸ	ጸ	ጸ	ጸ	ጸ
ጹ	ጹ	ጹ	ጹ	ጹ	ጹ
ጺ	ጺ	ጺ	ጺ	ጺ	ጺ
ጻ	ጻ	ጻ	ጻ	ጻ	ጻ
ጼ	ጼ	ጼ	ጼ	ጼ	ጼ
ጽ	ጽ	ጽ	ጽ	ጽ	ጽ
ጾ	ጾ	ጾ	ጾ	ጾ	ጾ

34

ክፍል ፩ (kefl ande) Part one

1.3.31

ጽሁፍ መለማመጃ – Handwriting exercise/ **tsehuf melmameja**

ፀ	ፁ	ፂ	ፃ	ፄ	ፅ	ፆ

የጅ ጽሁፍ ዓይነት/ handwriting **sample**

ፀ	ፁ	ፂ	ፃ	ፄ	ፅ	ፆ
ፀ	ፁ	ፂ	ፃ	ፄ	ፅ	ፆ
ፀ	ፁ	ፂ	ፃ	ፄ	ፅ	ፆ
ፀ	ፁ	ፂ	ፃ	ፄ	ፅ	ፆ
ፀ	ፁ	ፂ	ፃ	ፄ	ፅ	ፆ

ክፍል ፩ (kefl ande) Part one

1.3.32

ጽሁፍ መለማመጃ – Handwriting exercise/ **tsehuf melmameja**

ፈ	ፉ	ፊ	ፋ	ፌ	ፍ	ፎ

የጅ ጽሁፍ ዓይነት/ handwriting sample

ፈ	ፉ	ፊ	ፋ	ፌ	ፍ	ፎ
ፈ	ፉ	ፊ	ፋ	ፌ	ፍ	ፎ
ፈ	ፉ	ፊ	ፋ	ፌ	ፍ	ፎ
ፈ	ፉ	ፊ	ፋ	ፌ	ፍ	ፎ
ፈ	ፉ	ፊ	ፋ	ፌ	ፍ	ፎ

ክፍል ፩ (kefl ande) Part one

1.3.33

ጽሁፍ መለማመጃ – Handwriting exercise/ **tsehuf melmameja**

ፐ	ፑ	ፒ	ፓ	ፔ	ፕ	ፖ

የጅ ጽሁፍ ዓይነት/ ***handwriting*** **sample**

ፐ	ፑ	ፒ	ፓ	ፔ	ፕ	ፖ
ፐ	ፑ	ፒ	ፓ	ፔ	ፕ	ፖ
ፐ	ፑ	ፒ	ፓ	ፔ	ፕ	ፖ
ፐ	ፑ	ፒ	ፓ	ፔ	ፕ	ፖ
ፐ	ፑ	ፒ	ፓ	ፔ	ፕ	ፖ

መለማመጃ

- ፩-

By writing on the space, you can continue to improve your handwriting.

ሠ__________________________________

ሡ__________________________________

ሢ__________________________________

ሣ__________________________________

ሤ__________________________________

ሥ__________________________________

ሦ__________________________________

መለማመጃ
-፪-

ሸ_____

ሹ_____

ሺ_____

ሻ_____

ሼ_____

ሽ_____

ሾ_____

መለማመጃ

-፲፫-

ቸ________________________________

ቹ________________________________

ቺ________________________________

ቻ________________________________

ቼ________________________________

ች________________________________

ቾ________________________________

መለማመጃ

-፬-

ኀ________________________________

ኁ________________________________

ኂ________________________________

ኃ________________________________

ኄ________________________________

ኅ________________________________

ኆ________________________________

መለማመጃ
-፳-

ኘ_______________________________

ኙ_______________________________

ኚ_______________________________

ኛ_______________________________

ኜ_______________________________

ኝ_______________________________

ኞ_______________________________

መለማመጃ

-፮-

ኸ____________________________________

ኹ____________________________________

ኺ____________________________________

ኻ____________________________________

ኼ____________________________________

ኽ____________________________________

ኾ____________________________________

መለማመጃ
-፷፪-

ዝ_____

ዟ_____

ዢ_____

ዣ_____

ዤ_____

ዥ_____

ዦ_____

መለማመጃ

-፳-

ጀ_______________________________

ጁ_______________________________

ጂ_______________________________

ጃ_______________________________

ጄ_______________________________

ጅ_______________________________

ጆ_______________________________

መለማመጃ

-፱-

ጨ______________________________

ጩ______________________________

ጪ______________________________

ጫ______________________________

ጬ______________________________

ጭ______________________________

ጮ______________________________

ክፍል ፪ (Kefl hulet)
Part Two

ክፍል ፪ (kefl hulet) Part Two

2.1.1

ተምሳሳይ ድምፅ ያለው ፊደል
Similar sounding alphabets.

ተመሳሳይ ድምጽ ያላቸው ፊደላት በአራት ይመደባሉ እነሱም የሚከተሉት ናቸው።
Similar sounding alphabets have four groups and they are:

ምድብ/Group -፩-

ተራ/ row	1	2	3
1-፩	ሀ ሃ	ሐ ሓ	ኀ ኃ
	ha	ha	ha

ምድብ/Group -፪-

ተራ/row	1	2
1	ሰ	ሠ
	se	se

ክፍል ፪ (kefl hulet) Part Two

2.1.2

ተምሳሳይ ድምፅ ያለው ፊደል
Similar sounding alphabets

ምድብ/Group -፫-

ተራ/row	1	2
1	አ-ኣ	ዐ-ዓ
	aa	aa

ምድብ/Group -፬-

ተራ/row	1	2
1	ጸ	ፀ
	tse	tse

ክፍል ፪ (kefl hulet) Part Two

2.1.3

ማሳሰቢያ

እነኚ ተመሳሳይ ፊደሎች ለምን አስፈልጉ ለሚለው ጥያቄ መልስ ለመስጠት አያዳግትም፤ ይኸውም ቀደምት አባቶች ከተውት ቅርስ ከተጻፉ መጽሐፍት አጻጻፍ መረዳት ይቻላል። ይሁንና የዚህ የፊደል አጠቃቀም ግልጽ መልስ ለመስጠት ጠለቅ ያል ምርምር ቢያስፈልገውም ያለው ማስረጃ በሚመላክተው ፊደላቱ በተወራራሽነት አብረው የሚሰሩ መሆናቸውን ነው።

ፊደላቱን ማወቅ ታሪክን ለመራመር ለሚፈልጉ ና ቀደምት መጻህፍትን ማንበብ ለሚፈልጉ ፊደላቱን ባለማወቅ አስቸጋሪ እንዳይሆን ሲሆን አሁን ባለበት ደርጃ አጠቃቀሙን መረዳትና ማወቅ ቋንቋው ለመማር ለሚፈልጉ ሁሉ ድጋፍ ሰጪ ነው ።

Note: all similar sound alphabats work together: they are only used for writing purposes. Maybe you may ask why we need it, but that is up to you to research and find out.With that in mined,all old books are written on this common writing methode

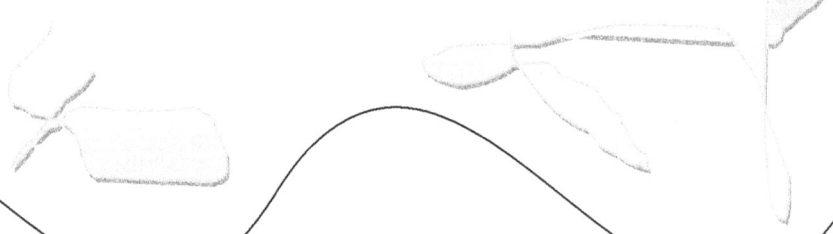

ክፍል ፪ (kefl hulet) Part Two

2.1.4

ተመሳሳይ ፊደትላ አጻጻፍ/How to write similar sounding alphabets

1. ሀ - የተለመደ አጻጻፍ/Common writing

ተራ/row	1		2
1-1	ሀ	ሀገር	ሐ
1-2	ሁ	ሁሉ	ሑ
1-3	ሂ	ሂድ	ሒ
1-4	ሃ	ሃይማኖት	ሓ
1-5	ሄ	ሄደ	ሔ
1-6	ህ	ህልም	ሕ
1-7	ሆ	ሆድ	ሖ

2. ሐ- ያልተለመደ አጻጻፍ/Uncommon writing

ተራ/row	1		2
2-1	ሐ	ሐገር	ኀ
2-2	ሑ	ሑሉ	ኁ
2-3	ሒ	ሒድ	ኂ
2-4	ሓ	ሓይማኖት	ኃ
2-5	ሔ	ሄድ	ኄ
2-6	ሕ	ሕልም	ኅ
2-7	ሖ	ሖድ	ኆ

ማስታወሻ:በ ኀ ሆነ በ ሀ የተጻፍትን ቃላት ኃ-ሃ-ሓ መልሶ መጻፍ ይቻላል

Similar sounding alphabets are interrelated and can work together. These letters are only used for writing purposes.

ክፍል ፪ (kefl hulet) Part Two

2.1.5

3. ኀ - የተለመደ አጻጻፍ/Common writing

ተራ/row	1		2
1-1	ኀ	ኀፍረት	ሐ
1-2	ኁ	ኁ	ሑ
1-3	ኂ	ኂ	ሒ
1-4	ኃ	ኃይል	ሓ
1-5	ኄ	ኄ	ሔ
1-6	ኅ	ኅሊና	ሕ
1-7	ኆ	ኆ	ሖ

2. ሖ- Common writing

ተራ/row	1		2
2-1	ሐ	ሐምራዊ	ኀ
2-2	ሑ	ሑ	ኁ
2-3	ሒ	ሒሳብ	ኂ
2-4	ሓ	ሓር	ኃ
2-5	ሔ	ሔ	ኄ
2-6	ሕ	ሕንጻ	ኅ
2-7	ሖ	ሖ	ኆ

ክፍል ፪ (kefl hulet) Part Two

2.1.6

የተመሳሳይ ፍደላት አጠቃቀም/the use of similar sounding Alphabets

1. ሰ- የተለመደ አጻጻፍ /Common writing

ተራ/ row	1		2
1-1	ሰ	ሰላም	ሠ
1-2	ሱ	ሱቅ	ሡ
1-3	ሲ	ሲታይ	ሢ
1-4	ሳ	ሳበ	ሣ
1-5	ሴ	ሴት	ሤ
1-6	ስ	ስስ	ሥ
1-7	ሶ	ስሌት	ሦ

2. ሠ- Common writing

ተራ/row	1		2
2-1	ሠ	ሠርግ	ሰ
2-2	ሡ	ንጉሡ	ሱ
2-3	ሢ	ሢሳይ	ሲ
2-4	ሣ	ሣቂታ	ሳ
2-5	ሤ	ስሌት	ሴ
2-6	ሥ	ሥራዓት	ስ
2-7	ሦ	ሦስት	ሶ

የተጻፉትን ቃልት በ ሰ በሊላውሦ ሠ መልሶ መጻፍ ይቻላል

ክፍል ፪ (kefl hulet) Part Two

2.1.7

የተምሳሰይ ፊደላት አጠኢቃቀም/the use of similar sounding Alphabets

1. አ- የተለመደ አጻጻፍ/ Common writing

ተራ/row	1		2
1-1	አ	አየር	ዐ
1-2	ኡ	ኡኡታ	ዑ
1-3	ኢ	ኢላማ	ዒ
1-4	ኣ	ዓይን	ዓ
1-5	ኤ	ኤሊ	ዔ
1-6	እ	እግዚአብሔር	ዕ
1-7	ኦ	ኦሪት	ዖ

2. ዐ- የተለመደ አጻጻፍ common writing

ተራ/row	1		2
2-1	አ	ዐረቄ	ዐ
2-2	ኡ	ልዑል	ዑ
2-3	ኢ	ዒሳ	ዒ
2-4	ኣ	ዓሣ	ዓ
2-5	ኤ	ዔሣው	ዔ
2-6	እ	ዕርገት/ሥዕል	ዕ
2-7	ኦ	ጣኦት	ዖ

ፊደሎቹ በተወራራሽነት አብረው የሚሰሩ ናቸው።

ክፍል ፪ (kefl hulet) Part Two

2.1.8

የተመሳሳይ ፊደላት አጠቃቀም/ the use of similar sounding Alphabets

1 ጸ-የተለመደ አጻጻፍ /*Common writing*

ተራ/row	*1*		2
1-1	ጸ	ጸለየ	ፀ
1-2	ጹ	ጹሁፍ	ፁ
1-3	ጺ	ጺ	ፂ
1-4	ጻ	ጻፊ	ፃ
1-5	ጼ	ጼ	ፄ
1-6	ጽ	ጽላት	ፅ
1-7	ጾ	ጾመ	ፆ

2. ፀ-የተለመደ አጻጻፍ /Common writing

ተራ/row	1		2
2-1	ፀ	ፀሐይ	ጸ
2-2	ፁ	ፁ	ጹ
2-3	ፂ	ፂም	ጺ
2-4	ፃ	ፃር	ጻ
2-5	ፄ	አፄ	ጼ
2-6	ፅ	ፅ	ጽ
2-7	ፆ	ፆ	ጾ

ክፍል ፪ (kefl hulet) Part Two

2.1.9

በተመሳሳይ ድምጽ ፊደላት ቃል አግኝ/ኚ።

Create a word for these similar Fidel's. The main purpose is to exercise your handwriting and further your understanding of how the Fidel works. You can use any word with the sounds of these given fidels.

1-ሀ ________________

2-ሁ ________________

3-ሂ ________________

4-ሃ ________________

5-ሄ ________________

6-ህ ________________

7-ሆ________________

ክፍል ፪ (kefl hulet) Part Two

2.1.10

በተመሳሳይ ድምጽ ፊደላት ቃል አግኝ/ኚ።

Create a word for these similar sound fidels.

1-ሐ________________

2-ሑ________________

3-ሒ________________

4-ሓ________________

5-ሔ________________

6-ሕ________________

7-ሖ________________

ክፍል ፪ (kefl hulet) Part Two

2.1.11

በተመሳሳይ ድምጽ ፊደላት ቃል አግኝ/ኚ።

Create a word for these similar sound fidels.

1-ጓ____________________

2-ጕ____________________

3-ጒ____________________

4-ጏ____________________

5-ጔ____________________

6-ጓ____________________

7-ጐ____________________

ክፍል ፪ (kefl hulet) Part Two

2.1.12

በተመሳሳይ ድምጽ ፊደላት ቃል አግኝ/ኚ።

Create a word for these similar sound fidels.

1-ሰ______________________

2-ሱ______________________

3-ሲ______________________

4-ሳ______________________

5-ሴ______________________

6-ስ______________________

7-ሶ______________________

ክፍል ፪ (kefl hulet) Part Two

2.1.13

በተመሳሳይ ድምጽ ፊደላት ቃል አግኝ/ኚ።

Create a word for these similar sound fidels.

1-ሠ_____

2-ሡ_____

3-ሢ_____

4-ሣ_____

5-ሤ_____

6-ሥ_____

7-ሦ_____

ክፍል ፪ (kefl hulet) Part Two

2.1.14
በተመሳሳይ ድምጽ ፊደላት ቃል አግኝ/ኚ፨
Create a word for these similar sound fidels.

1-አ_____

2-ኡ_____

3-ኢ_____

4-አ _____

5-ኤ_____

6-እ_____

7-ኦ_____

ክፍል ፪ (kefl hulet) Part Two

2.1.15

በተመሳሳይ ድምጽ ፊደላት ቃል አግኝ/ኚ።

Create a word for these similar sound fidels.

1-ዐ________________

2-ዑ________________

3-ዒ________________

4-ዓ________________

5-ዔ________________

6-ዕ________________

7-ዖ________________

ክፍል ፪ (kefl hulet) Part two

2.1.16

በተመሳሳይ ድምጽ ፊደላት ቃል አግኝ/ኚ።
Create a word for the similar sound fidels.

1-ጸ_____

2-ጹ_____

3-ጺ_____

4-ጻ_____

5-ጼ_____

6-ጽ_____

7-ጾ_____

ክፍል ፪ (kefl hulet) Part Two

2.1.15

በተመሳሳይ ድምጽ ፊደላት ቃል አግኝ/ኚ።
Create a word for the similar sound fidels.

1-ፀ____________________

2-ፁ____________________

3-ፂ____________________

4-ፃ____________________

5-ፄ____________________

6-ፅ____________________

7-ፅ____________________

ክፍል ፪ (kefl hulet) Part Two

2.2.0

ቃላት መፍጠር/Qalat mefeter
Creating words

ምሳሌ ፩

Mesaley 1-

ቁጥር	1	2	3	4	5	6	7
1	ሀ	ሁ	ሂ	ሃ	ሄ	ህ	ሆ
	ha	hu	hi	ha	hey	h	ho
	ሀገር	ሁሉ	ሂድ	ሃሌ	ሄዋን	ህልም	ሆዳም
	hager	hulu	hid	haly	hewan	hlem	hodam
	country	**all**	**go**	**halyluya**	**eve**	**dream**	**greedy**

2.2.1

ከላይ በተሰጠው ምሳሌ መሰረት ለፊደሉ አዲስ ቃል መፍጠር

Using the following Alphabets, create new words.

1. ሀ________ 2. ሁ__________ 3.ሂ __________

4. ሃ________ 5. ሄ__________ 6.ህ __________

7. ሆ________

ክፍል ፪ (kefl hulet) Part Two

2.2.2

ምሳሌ ፪/ Msale-Ex.2 Creating **words**

ቁጥር	1	2	3	4	5	6	7
1	ለ	ሉ	ሊ	ላ	ሌ	ል	ሎ
	le	lu	lil	la	ley	l	lo
	ለም	ሉል	ሊጥ	ላጠ	ሌላ	ልምምድ	ሎጋ
	lem	lul	liteh	lateh	lela	lememd	loga
	fertile	globe	dough	peal	other	training	graceful

ከላይ በተሰጠው መሰረት ለፊደሉ አዲስ ቃል መፍጠር

Using the following Alphabets, create new words.

1. ለ ____
2. ሉ____
3. ሊ ____
4. ላ ____
5. ሌ____
6. ል ____
7. ሎ ____

ክፍል ፪ (kefl hulet) Part Two

1.4.3

ምሳሌ 3/Mesale-Ex.3 creating words

ቁጥር	1	2	3	4	5	6	7
1	ሐ	ሑ	ሒ	ሓ	ሔ	ሕ	ሖ
	ha	hu	hi	haa	hey	h	ho
	ሐረግ	ሑለት	ሒደት	ሓመልማል	ሔደ	ሕግ	ሖሖታ
	hareg	hulet	hidet	hamelemal	hed	heg	hohota
	ivy	two	moment	silky	left	law	chant

ከላይ በተሰጠው ምሳሌ መሰረት ለፊደሉ አዲስ ቃል መፍጠር
Using the following Alphabets, create new words.

1. ሐ______________________________

2. ሑ______________________________

3. ሒ______________________________

4. ሓ______________________________

5. ሔ______________________________

6. ሕ______________________________

7. ሖ______________________________

2.2.4

አዲስ ቃል መፍጠር / *Create new words.*

1. መ______________________________

2. ሙ______________________________

3. ሚ ______________________________

4. ማ______________________________

5. ሜ ______________________________

6. ም______________________________

7. ም ______________________________

2.2.5

ለፊደሉ አዲሱ ፊደል ቃል መፍጠር/ Lefidelu adis qal mefeter

Create new words

1. ሠ________________________________

2. ሡ________________________________

3. ሢ________________________________

4. ሣ________________________________

5. ሤ________________________________

6. ሥ________________________________

7. ሦ________________________________

ክፍል ፪ (kefl hulet) Part Two

2.2.6

አዲስ ቃል መፍጠር

Adis qal mefeter

Create new words

1. ረ________________________________

2. ሩ________________________________

3 ሪ________________________________

4. ራ________________________________

5 ሬ________________________________

1. ር________________________________

7. ሮ________________________________

ክፍል ፪ (kefl hulet) Part Two

2.2.7

ለፊደሉ አዲስ ቃል መፍጠር

Lefidelu adis qal mefeter

Create new words

1. ሰ_____

2. ሱ_____

3. ሲ_____

4. ሳ_____

5. ሴ_____

6. ስ_____

7. ሶ_____

2.2.8

አዲስ ቃል መፍጠር
Adis qal mefeter

Create new words

1. ሸ______________________________
2. ሹ______________________________
3 ሺ______________________________
4. ሻ______________________________
5. ሼ______________________________
6. ሽ ______________________________
7. ሾ______________________________

ክፍል ፪ (kefl hulet) Part Two

2.2.9

አዲስ ቃል መፍጠር
Adis qal mefeter

Create new words

1. ቀ______________________________
2. ቁ______________________________
3. ቂ ______________________________
4. ቃ ______________________________
5. ቄ______________________________
6. ቅ______________________________
7. ቆ______________________________

2.2.10

አዲስ ቃል መፍጠር
Adis qal mefeter

Create new words

1. በ________________________________

2. ቡ________________________________

3. ቢ________________________________

4. ባ________________________________

5. ቤ________________________________

6. ብ________________________________

7. ቦ________________________________

2.2.11

 አዲስ ቃል መፍጠር
Adis qal mefeter

Create new words

1. ተ________________________________

2. ቱ________________________________

3 ቲ________________________________

4. ታ________________________________

5. ቴ________________________________

6. ት________________________________

7. ቶ________________________________

2.2.12

አዲስ ቃል መፍጠር
Adis qal mefeter

Create new words

1. ቸ____________________________
2. ቹ____________________________

3 ቺ____________________________

4. ቻ____________________________
5. ቼ____________________________
6. ች____________________________
7. ቾ____________________________

ክፍል ፪ (kefl hulet) Part Two

2.2.13

አዲስ ቃል መፍጠር
Adis qal mefeter

Create new words

1. ኀ______________________________
2. ኁ______________________________
3. ኂ______________________________
4. ኃ______________________________
5. ኄ______________________________
6. ኅ______________________________
7. ኆ______________________________

2.2.14

አዲስ ቃል

Adis qal mefeter

Create new words

1. ነ______________________________

2. ኑ______________________________

3 ኒ______________________________

4. ና______________________________

5. ኔ______________________________

6. ን______________________________

7. ኖ______________________________

ክፍል ፪ (kefl hulet) Part Two

2.2.15

አዲስ ቃል መፍጠር
Adis qal mefeter

Create new words

1. ኘ______________________________

2. ኙ______________________________

3 ኚ______________________________

4. ኛ______________________________

5. ኜ______________________________

6. ኝ______________________________

7. ኞ______________________________

ክፍል ፪ (kefl hulet) Part Two

2.2.16

አዲስ ቃል መፍጠር
Adis qal mefeter

Create new words

1. አ______________________________
2. ኡ______________________________
3. ኢ______________________________
4. ኣ______________________________
5. ኤ______________________________
6. እ______________________________
7. ኦ______________________________

ክፍል ፪ (kefl hulet) Part Two

2.2.17

አዲስ ቃል መፍየር

Adis qal mefeter

Create new word

1. ከ______________________________
2. ኩ______________________________
3. ኪ______________________________
4. ካ______________________________
5. ኬ______________________________
6. ክ______________________________
7. ኮ______________________________

2.2.18

አዲስ ቃል መፍጠር

Adis qal mefeter

Create new words

1. ኸ______________________________
2. ኹ______________________________
3 ኺ______________________________
4. ኻ______________________________
5. ኼ______________________________
6. ኽ______________________________
7. ኾ______________________________

2.2.19

ኣዲስ ቃል መፍጠር
Adis qal mefeter

Create new words

1. ወ________________________

2. ዉ________________________

3 ዊ________________________

4. ዋ________________________

5. ዌ________________________

6. ው--

7. ዎ________________________

ክፍል ፪ (kefl hulet) Part Two

2.2.20

አዲስ ቃል መፍጠር
Adis qal mefeter

Create new words

1. ዐ____________________________

2. ዑ____________________________

3 ዒ____________________________

4. ዓ____________________________

5. ዔ____________________________

6. ዕ ____________________________

7. ዖ____________________________

ክፍል ፪ (kefl hulet) Part Two

2.2.21

አዲስ ቃል መፍጠር

Adis qal mefeter

Create new words

1. ዘ_____

2. ዙ_____

3. ዚ_____

4. ዛ _____

5. ዜ_____

6. ዝ_____

7. ዞ_____

2.2.22

ኣዲስ ቃል መፍጠር
Adis qal mefeter

Create new words

1. ዠ______________________________
2. ዡ______________________________
3. ዢ______________________________
4. ዣ______________________________
5. ዤ______________________________
6. ዥ ______________________________
7. ዦ______________________________

ክፍል ፪ (kefl hulet) Part Two

2.2.23

አዲስ ቃል መፍጠር

Adis qal mefeter

Create new words

1. የ_____

2. ዩ _____

3 ዪ_____

4. ያ_____

5. ዬ_____

6. ይ_____

7. ዮ_____

2.2.24

አዲስ ቃል መፍጠር
Adis qal mefeter

Create new words

1. ደ________________________
2. ዱ________________________
3. ዲ________________________
4. ዳ________________________
5. ዴ________________________
6. ድ________________________
7. ዶ________________________

ክፍል ፪ (kefl hulet) Part Two

2.2.25

አዲስ ቃል መፍጠር

Lefidelu adis qal mefeter

Create new words

1. ጀ______________________
2. ጁ______________________
3. ጂ______________________
4. ጃ______________________
5. ጄ______________________
6. ጅ______________________
7. ጆ______________________

ክፍል ፪ (kefl hulet) Part Two

2.2.26

አዲስ ቃል መፍጠር
Adis qal mefeter

Create new words

1. ገ________________________

2. ጉ________________________

3 ጊ________________________

4. ጋ________________________

5. ጌ________________________

6. ግ________________________

7. ጎ________________________

2.2.27

አዲስ ቃል መፍጠር

Adis qal mefeter

Create new words

1. ጠ____________________________

2 ጡ____________________________

3 ጢ____________________________

4. ጣ____________________________

5. ጤ____________________________

6. ፐ ____________________________

7. ጦ____________________________

2.2.28

አዲስ ቃል መፍጠር
Adis qal mefeter

Create new words

1. ጨ______________________________
2. ጩ______________________________
3. ጪ______________________________
4. ጫ______________________________
5. ጬ______________________________
6. ጭ______________________________
7. ጮ______________________________

2.2.29

አዲስ ቃል መፍጠር

Adis qal mefeter

Create new words

1. ጾ_____

2. ጹ_____

3 ጺ_____

4. ጾ_____

5. ጼ_____

6. ጽ_____

7. ጾ_____

ክፍል ፪ (kefl hulet) Part Two

2.2.30

አዲስ ቃል መፍጠር
Adis qal mefeter

Create new words

1. ጸ____________________________
2. ጹ____________________________
3. ጺ____________________________
4. ጻ____________________________
5. ጼ____________________________
6. ጽ____________________________
7. ጾ____________________________

ክፍል ፪ (kefl hulet) Part Two

2.2.31

 አዲስ ቃል መፍጠር
Adis qal mefeter

Create new words

1. ፀ________________________
2. ፁ________________________
3. ፂ________________________
4. ፃ________________________
5. ፄ________________________
6. ፅ________________________
7. ፆ________________________

2.2.32

አዲስ ቃል መፍጠር
Adis qal mefeter

Create new words

1. ፉ______________________________
2. ፋ______________________________
3. ፊ______________________________
4. ፋ______________________________
5. ፌ______________________________
6. ፍ______________________________
7. ፎ______________________________

ክፍል ፪ (kefl hulet) Part Two

2.2.33

አዲስ ቃል መፍጠር

Adis qal mefeter

Create new word

1. ፐ_____

2. ፑ_____

3 ፒ_____

4. ፓ_____

5. ፔ_____

6. ፕ_____

7. ፖ_____

ክፍል ፪ (kefl hulet) Part Two

2.3.0

የፊደሉን ዝርያ መለየት/Ye fidelun zreya meleyet
Identify the letter combination of the words using the Fidel (alphabets).

ምሳሌ/ Mesale/Example

ሆቴል የዚህ ቃል ፊደል ዝርያ ሶስት ናቸው
This word has three fidel combinations
1. ሆ (ho) ho
2. ቴ (tey) te
3. ል (l) l   ናቸው (there are)

አሰራሩ   ሆቴል /Hotel
How it works

ተራ/Row	1	2	3	4	5	6	7	
ሆ	ሀ	ሁ	ሂ	ሃ	ሄ	ህ	ሆ	ሆ
ቴ	ተ	ቱ	ቲ	ታ	ቴ	ት	ቶ	ቴ
ል	ለ	ሉ	ሊ	ላ	ሌ	ል	ሎ	ል

ፊደሎቹን እንደ አቀማመጣቸው ቀደም ተከተሉን በመከተል አከታትሎ በመጻፍ ቃሉን ማወቅና ማንበብ ያስችላል፤ በዚያውም የፊደሉን ዝርያ ያሳያል።
Identify the word and read it then help you to identify the combination of later (fidel)

97

ክፍል ፪ (kefl hulet) Part Two

2.3.1

የቃሉን ፊደል ዝርያ መለየት
Ye qalun fidel zereya meleyet

Identify the letter combination of the words using the Fidel alphabets.

1. **ሀገር**-hager-country

      1   2   3   4   5   6   7

1. _____

2. _____

3. _____

2. **ሕልም**-hilm-Dream

      1   2   3   4   5   6   7

1. _____

2. _____

3. _____

ክፍል ፪ (kefl hulet) Part Two

2.3.2

የቃሉን ፊደል ዝርያ መለየት

Ye qalun fidel zereya meleyet

Identify the letter combination of the words using the Fidel alphabets.

1. ለማኝ-lemagn-Begger

   1   2   3   4   5   6   7

   1. _____

   2. _____

   3. _____

2. ሰላጣ-selata-Salad

   1   2   3   4   5   6   7

   1. _____

   2. _____

   3. _____

ክፍል ፪ (kefl hulet) Part Two

2.3.3

የቃሉን ፊደል ዝርያ መለየት
Yeqalun fidel zereya meleyet

Identify the letter combination of the words using the Fidel alphabets.

1. ፈትል-fetel/handmade cotton or wool thread

    1   2   3   4   5   6   7

    1. _____

    2. _____

    3. _____

2. **ሞላላ-Molalla/out of shape**

    1   2   3   4   5   6   7

    1. _____

    2. _____

    3. _____

ክፍል ፪ (kefl hulet) Part Two

2.3.4

የቃሉን ፊደል ዝርያ መለየት
Ye qalun fidel zereya meleyet

Identify the letter combination of the words using the Fidel alphabets.

1. ልጅ-lij-child

      1   2   3   4   5   6   7

    1. _____

    2. _____

2. መቶ-meto-hundred

      1   2   3   4   5   6   7

    1. _____

    2. _____

ክፍል ፪ (kefl hulet) Part Two

2.2.5

የቃሉን ፊደል ዝርያ መለየት

Ye qalun fidel zereya meleyet

Identify the letter combination of the words using the Fidel alphabets.

1. መኖሪያ-menoria-resident

    1   2   3   4   5   6   7

    1. _____

    2. _____

    3. _____

    4. _____

ክፍል ፪ (kefl hulet) Part Two

2.3.6

የቃሉን ፊደል ዝርያ መለየት
Ye qalun fidel zereya meleyet

Identify the letter combination of the words using the Fidel alphabets.

1. ሰንሰለት-senselet-chain

1   2   3   4   5   6   7

1._____

2._____

3._____

4._____

5._____

1.ሠንሠለት ለምን ያገለግላል?Senselet lemen yageleglal?
What is the use of chain?

_____

_____

_____

ክፍል ፪ (kefl hulet) Part Two

2.2.7

የቃሉን ፊደል ዝርያ መለየት
Ye qalun fidel zereya meleyet

Identify the letter combination of the words using the Fidel alphabets.

1 ሳንቲም-santim-cent

	1	2	3	4	5	6	7

1. _____

2. _____

3. _____

4. _____

1. ሳንቲም ምንድን ነው?Santim mindin nowe?
What is cents?

_____

_____

_____

ክፍል ፪ (kefl hulet) Part Two

2.2.8

የቃሉን ፊደል ዝርያ መለየት
Ye qalun fidel zereya meleyet

Identify the letter combination of the words using the Fidel alphabets.

1. ሽማግሌ-shimageley-older man

1	2	3	4	5	6	7

1._____

2._____

3._____

4._____

1. ሽማግሌ የሚባለው ለምንድን ነው?

Shimageley yemibalew lemndn nowe?

Why the person called, "old"?

_____

_____

_____

ክፍል ፪ (kefl hulet) Part Two

2.3.9

የቃሉን ፊደል ዝርያ መለየት
Ye qalun fidel zereya meleyet

Identify the letter combination of the words using the Fidel alphabets.

1. ቢራቢሮ-Birabiro-butterfly

1 2 3 4 5 6 7

1.____

2.____

3.____

4.____

1. ቢራቢሮ ምንድን ነው? Birabiro mendenow?
What is a butterfly?

____

____

____

____

ክፍል ፪ (kefl hulet) Part Two

2.3.10

የቃሉን ፊደል ዝርያ መለየት

Ye qalun fidel zereya meleyet
Identify the letter combination of the words using the Fidel alphabets.

1. ቅርንጫፍ-qernchaf-branch

	1	2	3	4	5	6	7

1. _____

2. _____

3. _____

4. _____

5. _____

1. ቅርንጫፍ ምንድን ነው? Qernchaf mndn nowe?
   What is a Branch?

_____

_____

_____

ክፍል ፪ (kefl hulet) Part Two

2.3.11

የቃሉን ፊደል ዝርያ መለየት

Ye qalun fidel zereya meleyet

Identify the letter combination of the words using the Fidel alphabets.

.

1. ውስጥ ልብስ-wsth lebes-underwear

1 2 3 4 5 6 7

1. ______________________________

2. ______________________________

3. ______________________________

4. ______________________________

5. ______________________________

6. ______________________________

1 ውስጥ ልብስ ለምን ይጠቅማል?

Wsth lebs lemn yeteqmal? What is the purpose of under wear?

____

____

____

2.3.12

የቃሉን ፊደል ዝርያ መለየት

Ye qalun fidel zereya meleyet

Identify the letter combination of the words using the Fidel alphabets.

1. ገመድ-gemmed-rope

1 2 3 4 5 6 7

1.______________________________

2.______________________________

3.______________________________

1. ገመድ ለምን ያገለግላል? Gemed lemn yageleglal?
   What is the use of rope?

____

____

____

____

ክፍል ፪ (kefl hulet) Part Two

2.3.13

የቃሉ ፊደል ዝርያ መለየት

Ye qalun fidel zereya meleyet

Identify the letter combination of the words using the Fidel alphabets.

1. ጠርሙስ-thermos-bottle

1 2 3 4 5 6 7

1.______________________________

2.______________________________

3.______________________________

4.______________________________

5.______________________________

1. ጠርሙስ ከምን ይሰራል?thermos kemen ysersl?
   What are bottles made out of?

____

______________________________________ ።

____

ክፍል ፪ (kefl hulet) Part Two

2.3.14

የቃሉን ፊደል ዝርያ መለየት

Ye qalun fidel zereya meleyet

Identify the letter combination of the words using the Fidel alphabets.

1. ጫጩት-chachut-chick

     1   2   3   4   5   6   7

1._____

2._____

3._____

1. ጫጩት ማለት ምን ማለት ነው ?
   Chachut mallet min mallet nowe
   What is a chick?

_____

_____

_____

_____

_____

2.3.15

የቃሉን ፊደል ዝርያ መለየት

Ye qalun fidel zereya meleyet

Identify the letter combination of the words using the Fidel alphabets.

1. መነፅር-menetser-eye glass

	1	2	3	4	5	6	7
1.							
2.							
3.							
4.							

1. መነጽር ለምን ያገልግላል/menetser lemn yageleglal?
   What is the use of eyeglasses?

_____

_____

_____

_____

ክፍል ፪ (kefl hulet) Part Two

2.3.16

የቃሉን ፊደል ዝርያ መለየት

Ye qalun fidel zereya meleyet
Identify the letter combination of the words using the Fidel alphabets.

1. **መክፈቻ**-mekfecha-opener

	1	2	3	4	5	6	7

1._____

2._____

3._____

4._____

1.**መክፈቻ ምንድን ነው?** Mekfecha mndn nowe?

What is an opener?

_____

_____

_____

ክፍል ፪ (kefl hulet) Part Two

2.3.17

የቃሉን ፊደል ዝርያ መለየት
Ye qalun fidel zereya meleyet
Identify the letter combination of the words using the Fidel alphabets.

1. ጳጳስ-papas-Pope

         1   2   3   4   5   6   7

1._____

2._____

3._____

1. ጳጳስ የሚሆነው ማን ነው? Papas yemihonow manowe?
   Who could or can be a Pope?

_____

_____

_____

_____

ክፍል ፪ (kefl hulet) Part Two

2.3.18

የቃሉን ፊደል ዝርያ መለየት

Ye qalun fidel zereya meleyet

Identify the letter combination of the words using the Fidel alphabets.

1. ዲያቆን-diyaqon-Deacon

1 2 3 4 5 6 7

1. ____

2. ____

3. ____

4. ____

1.ዲያቆን የሚባለው ምን ሰራ ለሚሰራ ሰው ነው?

Diyaqon yemibalew min lemisera sew nowe?

What kind of person can get diccon title?

____

____

____

____

ክፍል ፪ (kefl hulet) Part Two

2.3.19

የቃሉን ፊደል ዝርያ መለየት

Ye qalun fidel zereya meleyet
Identify the word combination alphabet (fidel).

1. ፖሊስ-police-Police
       1   2   3   4   5   6   7

1._____

2._____

3._____

1. ፖሊስ ምን ይሰራል?
   Police mn yseral? What does a Police do?

_____

_____

_____

_____

ክፍል ፪ (kefl hulet) Part Two

2.3.20

የቃሉን ፊደል ዝርያ መለየት

Ye qalun fidel zereya meleyet
Identify the letter combination of the words using the Fidel alphabets.

1. ጠበቃ-tebeqa-lawyer

<table>
<tr><td></td><td>1</td><td>2</td><td>3</td><td>4</td><td>5</td><td>6</td><td>7</td></tr>
</table>

1._____

2._____

3._____

1. ጠበቃ ማለት ምን ማለት ነው ?
   Tebeqa mallet mn mallet nowe?
   To be a lawyer, what does it mean?

   _____

   _____

   _____

   _____

ክፍል ፫ (kefl soset)

Part Three

ክፍል ፫ (kefl soset) Part Three

3.0.0

ዓረፈተ ነገር መስራት/ Aerefte neger mesrat
Make a sentence

ምሳሌ/ Example

ሀ

የአበበና ሀመልማል ሠርግ ያለፈው ቅዳሜ ነበር

Ye abebe na hamelmal serg yalefew qedame neber.

Abebe and hamelemal's wedding was last Saturday.

ለ

ሠርግ መሄድ ደስ ይላል

Going to a wedding is fun.

ምሳሌ/Example

ቦግ ያለ ቀለም ያምራል

Bright colors are beautiful.

ደማቅ ቀለም በደንብ ይታያል

Bright colors are easy to see.

ክፍል ፫ (kefl soset) Part Three

3.1.1

ዓረፍተ ነገር መስራት

Arefte neger mesrat,

Make a sentence with the following Amharic words.

1. **ምግብ ቤት** / megeb bet/ restaurant

2. **ሱቅ** / suq/shop

3. **መንገድ** / menged/ road

3.1.2

ዓረፍተ ነገር ምስራት /Arefte neger mesrat

Make a sentence with the given words on the following line.

1. **ምግብ ቤት**_____

2.**ሱቅ**_____

3.**መንገድ**_____

ክፍል ፫ (kefl soset) Part Three

3.1.3

በሚቀጥሉት ቃላት አረፍተ ነገር መስራት

Bemiqetelut qalat arefte neger mesrat

Make a sentence with the following Amharic words.

1. ትምህርት ቤት / temhert-bet/school
2. ሲኒማ ቤት /cinema-bet/movie theater
3. ፍርድ ቤት /ferd-bet/court
4. ወህኒ ቤት /wehni-bet/jail
5. ማዕድ ቤት/ Meade-bet/kitchen

3.1.4 ዓረፍተ ነገር መስራት/ Arefte neger mesrat
Make a sentence with the given words on the following line.

1. ትምህርት ቤት_____

2. ሲኒማ ቤት_____

3. ፍርድ ቤት _____

4. ወህኒ ቤት _____

5. ማዕድ ቤት_____

ክፍል ፫ (kefl soset) Part Three

3.1.5

ዓረፍተ ነገር መስራት

Arefte neger mesrat,

Make a sentence for the following Amharic words.
1. ባቡር-babure/train
2. ታክሲ-taxi/taxi
3. አውቶቡስ /autobuse/bus
4. ቤት /bet/house
5. መኪና/mekina/car

3.1.6

ዓረፍተ ነገር መስራት/ Arefte neger mesrat
Make a sentence with the given words on the following line.

1. ባቡር_____

2. ታክሲ _____

3. አውቶቡስ_____

4. መኪና_____

5. ቤት_____

ክፍል ፫ (kefl sost) Part Three

3.1.7

ዓረፍተ ነገር መስራት /arefte neger mesrat.

Make a sentence with the following Amharic words.

1. ባቡር/Babur/train
2. ብስክሌት/besekelet/bicycle
3. መንገድ/men-ged/road
4. ሱቅ /suq/store
5. መኪና/mekina/car

3.1.8

ዓረፍተ ነገር መስራት/ Arefte neger mesrat
Make a sentence with the given words.

1. ባቡር_____

2. ታክሲ_____

3. መንገድ_____

4. ሱቅ_____

5. መኪና_____

ክፍል ፫ (kefl hulet) Part Three

3.1.9

ዓረፍተ ነገር መስራት/arefte neger mesrat
Make a sentence with the following Amharic words

1. ወንበር/wenber/chair

2. ጠረጴዛ/terepeza/table

3. ምንጣፍ/menetaf/carpet

4. መብራት/mebrat/light

5. ሰዓት/seat/clock

3.1.10

ዓረፍተ ነገር መስራት
Make a sentence with the given words

1. ወንበር________________________________

2 ጠርጴዛ________________________________

3. ምንጣፍ ________________________________

4. መብራት________________________________

5. ሰዓት________________________________

ክፍል ፫ (kefl soset) Part Three

3.1.11

ዓረፍተ ነገር መስራት/Arefte neger mesrat
Make a sentence with the following Amharic words.

1. አልጋ/alga/bed
2. ምድጃ/ medeja/stove
3. ማቀዝቀዣ/maqezeqeja/refrigerator
4. ስልክ /selk/telephone
5. ብርድ ልብስ /beredlebes/blanket

3.1.12

ዓረፍተ ነገር መስራት
Make a sentence with the given words.

1. አልጋ_____

2. ምድጃ_____

3. ማቀዝቀዣ_____

4. ስልክ_____

5. ብርድ ልብስ_____

ክፍል ፫ (kefl soset) Part Three

3.1.13

ዓረፍተ ነገር መስራት/arefte neger mesrat
Make a sentence with the following Amharic words.

1. መስኮት/meskot/window
2. ቁም ሳጥን/qumsaten/cupboard or closet
3. በር /ber/exit or entrance
4. ፎቶግራፍ /photograf/ photo
5. መዝጊያ/ mezegiya/door

3.1.14

ዓረፍተ ነገር መስራት
Make a sentence with the given words.

1. መስኮት_____

2. ቁም ሳጥን_____

3. በር _____

4. ፎቶግራፍ_____

5. መዝጊያ_____

ክፍል ፫ (kefl soset) Part Three

3.1.15

ዓረፍተ ነገር መስራት/arefte neger mesrat,
Make a sentence with the following Amharic words.

1. ብስክሌት / besklet/ bicycle
2. አውሮፕላን/auworplan/airplane
3. መውጫ /mewcha/ exit
4. መግቢያ /megbiya/enterance
5. ደረጃ /derja /it has two meanings: stair or rank

2.1.16

ዓረፍተ ነገር መስራት
Make a sentence with the given words.

1. ብስክሌት ______________________

2. አውሮፕላን______________________

3. መውጫ______________________

4. መግቢያ ______________________

5. ደረጃ ______________________

ክፍል ፫ (kefl soset) Part Three

3.1.17

ዓረፍተ ነገር መስራት/arefte neger mesrat,
Make a sentence with the following Amharic words.

1.   ቴሌቪዥን/television/television
2.   ኮምፑተር/competer/computer
3.   ፖስታ /posta /envelope
4.   ቴምበር /tember/stamp
5.   ደብተር/debter/exercise book

3.1.18

ዓረፍተ ነገር መስራት
Make a sentence with the given words.

1. ቴሌቪዥን_____

2. ደብተር_____

3. ኮምፒውተር_____

4. ፖስታ_____

5. ቴምበር_____

ክፍል ፫ (kefl soset) Part Three

3.1.19

ዓረፍተ ነገር መስራት/arefte neger mesrat
Make a sentence with the following Amharic words.

1. ድመት/ demet/cat
2. ውሻ / wesha/ dog
3. ዕርግብ/ergeb /pigeon
4. አይጥ /ayet/rat
5. ዶሮ/doro-chicken

3.1.20

ዓረፍተ ነገር መስራት
Make a sentence with the given words.

1. ድመት_____

2. ውሻ _____

3. እርግብ_____

4. አይጥ _____

5. ዶሮ _____

ክፍል ፫ (kefl soset) Part Three

3.1.21

ዓተፍተ ነገር መስራት/arefte neger mesrat,
Make a sentence with the following Amharic words

1. የሜዳ አህያ/ yemeda ahya/ zebra
2. ቀጭኔ /qechiney/girafe
3. ዝሆን /zehon/elephant
4. አንበሳ /anbesa/lion
5. ደኩላ /dekula/deer

3.1.22

ዓረፍተ ነገር መስራት
Make a sentence with the given words.

1. የሜዳ አህያ_____

2. ቀጭኔ _____

3. ዝሆን_____

4. አንበሳ_____

5. ድኩላ _____

ክፍል ፫ (kefl soset) Part Three

3.1.23

ዓረፍተ ነገር መስራት/arefte neger mesrat
Make a sentence with the following Amharic words.

1. ነብር/neber/ tiger
2. አዞ /azo/crocodile
3. እባብ /ebabe/snake
4. ዝንጀሮ/zenjero/monkey
5. ጦጣ /tota/apea

3.1.24

ዓረፍተ ነገር መስራት
Make a sentence with the given words.

1. ነብር_____

2. አዞ_____

3. እባብ_____

4. ዝንጀሮ_____

5. ጦጣ_____

ክፍል ፫ (kefl soset) Part Three

3.1.25

ዓረፍተ ነገር መስራት/arefte neger mesrat

Make a sentence with the following Amharic words.

1. ሜዳ/meda /field
2. ጫካ / chaka/ forest
3. ተራራ /terara/mountain
4. ኮረብታ /korebeta/hill
5. ድልድይ/deldey /bridge

2.1.26

ዓረፍተ ነገር መስራት

Make a sentence with the given words.

1. ሚዳ ______________________________

2 ጫካ ______________________________

3. ተራራ ______________________________

4. ኮረብታ ______________________________

5. ድልድይ ______________________________

ክፍል ፫ (kefl soset) Part Three

3.1.27

ዓረፍተ ነገር መስራት/arefte neger mesrat
Make a sentence with the following Amharic words.

1. ውሃ/weha/ water
2. ብርጭቆ / berchiqo/ glass
3. ሲኒ /sini/ cup
4. ማንኪያ /mankiya/ spoon
5. ሳህን/sahen/ plate

3.1.28

ዓረፈተ ነገር መስራት
Make a sentence with the given words.

1. ውሃ _____
2. ብርጭቆ _____
3. ሲኒ _____
4. ማንኪያ _____
5. ሳህን _____

ክፍል ፫ (kefl soset) Part Three

3.1.29

ዓረፍተ ነገር መስራት/arefte neger mesrat
Make a sentence with the following Amharic words.

1. *መርከብ*/merkeb/ship
2. *ባህር*/ baher/sea
3. *ጉድጓድ* /gudguwad/hole
4. *ገደል*/ gedel/ gorge
5. *ውቅያኖስ*/weqeyanos/ocean

3.1.30

ዓረፍተ ነገር መስራት
Make a sentence with the given words.

1. *መርከብ*_____

2 *ባህር*_____

3. *ጉድጓድ*_____

4. *ገደል* _____

5. *ውቅያኖስ*_____

ክፍል ፫ (kefl soset) Part Three

3.1.31

ዓረፍተ ነገር መስራት/arefte neger mesrat
Make a sentence with the following Amharic words.

1. ፀሐይ/tsehaye/sun
2. ጨለማ/chelema/darkness or night
3. አበባ/abeba/flower
4. ደመና/demena/cloud
5. ሰማያ/semaye/sky

3.1.32

ዓረፍተ ነገር መስራት
Make a sentence with the given words

1. ፀሐይ ____________________________
2 ጨለማ ____________________________
3. አበባ ____________________________
4. ደመና ____________________________
5. ሰማይ ____________________________

ክፍል ፫ (kefl soset) Part Three

3.1.33

ዓረፍተ ነገር መስራት/arefte neger mesrat
Make a sentence with the following Amharic words.

1. ሹራብ/shurab/sweater
2. ኮት /coat /coat
3. አንሶላ/ansola/bed sheet
4. ትራስ /teras/pillow
5. ፍራሽ /ferash /mattress

3.1.34

ዓረፍተ ነገር መስራት
Make a sentence with the given words.

1. ሹራብ _____

2 ኮት_____

3. አንሶላ _____

4. ትራስ _____

5. ፍራሽ_____

ክፍል ፫ (kefl soset) Part Three

3.1.35

ዓረፍተ ነገር መስራት/arefte neger mesrat
Make a sentence with the following Amharic words.

1. ከረባት/kerebat/tie
2. ቀሚስ /qemis/dress
3. ቀበቶ/ qebeto/belt
4. የቤት ጫማ/yebet chama/sandals
5. ጉትቻ/gutecha /earring

3.1.36

ዓረፍተ ነገር መስራት
Make a sentence with the given words.

1. ከረባት_____

2 ቀሚስ_____

3. ቀበቶ_____

4. የቤት ጫማ_____

5. ጉትቻ _____

ክፍል ፫ (kefl soset) Part Three

3.1.37

ዓረፍተ ነገር መስራት/arefte neger mesrat
Make a sentence with the following Amharic words.

1. ባርኔጣ/barneta/hat
2. ካልሲ/kalsi/socks
3. ጉርድ/gurd/skirt
4. ሙታንታ/mutanta/underwear
5. ጡት መያዣ/tute mayaja/bra

3.1.38

ዓረፍተ ነገር መስራት
Make a sentence with the given words.

1. ባርኔጣ _____

2 ካልሲ_____

3. ጉርድ _____

4. ሙታንታ _____

5. ጡት መያዣ_____

ክፍል ፫ (kefl soset) Part Three

3.1.39

ዓረፍተ ነገር መስራት/arefte neger mesrat

Make a sentence with the following Amharic words.

1. ዳቦ/dabo/bread
2. ድስት/deset/pot
3. ጀበና/jebena/cattle
4. ምጣድ/metad/Ethiopian baking pan
5. መደርደሪያ/medererderiya/shelf

3.1.40

ዓረፍተ ነገር መስራት

Make a sentence with the given words.

1. ዳቦ ______________________________

2 ድስት ______________________________

3. ጀበና ______________________________

4. ምጣድ ______________________________

5. መደርደፊያ ______________________________

ክፍል ፫ (kefl soset) Part Three

3.1.41

አረፍተ ነገር መስራት/arefte neger mesrat
Make a sentence with the following Amharic words.

1. ጎመን/gomen/collard green
2. ሰላጣ/selata/salad
3. ሚጥሚጣ/mitmita/hot chili powder
4. ጎንፎ/gonfo/porridge
5. ቅንጬ/qenche/millet grain

3.1.42

ዓረፍተ ነገር መስራት
Make a sentence with the given words.

1. ጎመን ______________________________
2. ሰላጣ ______________________________
3. ሚጥሚታ ______________________________
4. ጎንፎ ______________________________
5. ቅንጬ ______________________________

ክፍል ፫ (kefl soset) Part Three

3.1.43

ዓረፍተ ነገር መስራት/arefte neger mesrat
Make a sentence with the following Amharic words.

1. ከባድ/kebad/heavy
2. ቀላል/qelale/light
3. ጉትቻ/gutecha/earring
4. ቀለበት/qelebet/ring
5. ፈጣን/fetan/faster

3.1.44

ዓረፍተ ነገር መስራት
Make a sentence with the given words.

1. ከባድ_____

2 ቀላል _____

3 ጉትቻ_____

4. ቀለበት _____

5. ፈጣን _____

ክፍል ፫ (kefl soset) Part Three

3.1.45

በሚቀጥሉት ቃላት ዓረፍተ ነገር መስራት
Bemiqetelut qalat arefte neger mesrat
Make a sentence with the following Amharic words

1. ክንድ/Kend-arm
2. እግር/eger-foot
3. እጅ/eje-hand
4. ፀጉር/tsegur-hair
5. ዓይን/ayen-eye

3.1.46

ዓረፍተ ነገር መስራት
Make a sentence with the given words.

1. ክንድ_____

2. እግር_____

3. እጅ _____

4. ፀጉር_____

5. ዓይን_____

ክፍል ፫ (kefl soset) Part Three

3.1.47

ዓረፍተ ነገር መስራት/arefte neger mesrat
Make a sentence with the following Amharic words.

1. ቀይ/qey/red
2. ሰኞ/sengo/Monday
3. ሃሙስ/hamus/Thursday
4. እሁድ/ehud/Sunday
5. ሰማያዊ/semayawi/blue

3.1.48

ዓረፍተ ነገር መስራት
Make a sentence with the given words.

1. ቀይ_____

2 ሰኞ_____

3 ሃሙስ _____

4. እሁድ_____

5. ሰማያዊ _____

ክፍል ፫ (kefl soset) Part Three

3.1.49

ዓረፍተ ነገር መስራት/arefte neger mesrat
Make a sentence with the following Amharic words.

1. ባንዲራ/bandira/flag
2. ሀገር/ hager/country
3. ታህሳስ/ tahesas/December
4. ጳጉሜ/Pagumey/ 13th month.
5. መንግስታት/menegesetat/governments

3.1.50

ዓረፍተ ነገር መስራት
Make a sentence with the given words.

1. ባንዲራ_____

2. ሀገር _____

3. ታህሳስ_____

4. ጳጉሜ _____

5. መንግስታት _____

ክፍል ፫ (kefl soset) Part Three

3.2.1

<u>ቤተሰብ /beteseb/the family</u>

በአንድ ቤተሰብ ውስጥ አብሮ የሚኖር ሁሉ ቤተ ሰብ ነው።
Be-ande beteseb we-es-eteh aebero yeminor hulu beteseb nowe

Write the names of family members that live with you in given space.

ዝርዝር አንድ/Table one

ተራ	ቤተሰብ/ Family	መለማመጃ/excersice
1	አባት abat/father	
2	እናት enat/mother	
3	ልጅ/ lej/child	
4	እህት ehet/sister	
5	ወንድም /wendm/brother	
6	አጎት/agot/uncle	
7	አክስት/akest/ aunt	
8	አያት/ayat/grand parent	
9	ባል/ bal/husband	
10	ሚስት/ mist/wife	

ክፍል ፫ (kefl soset) Part Three

3.2.2

ቤተሰብ /beteseb/the family

በአንድ በተ ሰብ ውስጥ አብሮ የሚኖር ሁሉ በተሰብ ነው።

Be-ande beteseb westeh aebero yeminor hulu beteseb nowe

Write the names of family members that live with you in the given space.

ሰንጠረዥ ሁለት /charet two

ተራ	በተሰብ/Family	መለማመጃ excersice
11	ቤተሰብ/ beteseb/family	
12	ዘመድ/zemed/cousin	
13	ሴትልጅ/ setlej/ daughter	
14	ወንድልጅ/ wenedlij/son	
15	ሞግዚት/mogzit /babysitter	
16	ወጥቤት/wetbet/cook	
17	ዘበኛ/zebegna/ guard	
18	አታክልተኛ/atekeletegna/gardener	
19	ሹፌር/ shufer/driver	
20	ተላላኪ/ telalaki/ house boy	

ክፍል ፫ (kefl soset) Part Three

3.2.3

ማን ማነው? Manemanew? Who is who?

የቤተሰብን ዘርፍ በራስ በመጀመር በተሰጠው ቦታ ላይ ዝርዝሩን መጻፍ

Yebeteseb zerf beras mejemer betesetew bota lay zerzerun mestaf.

Write the names of the family members you live with, in the spaces below in word and number

ተራ	ቤተሰብ/ Family	መለስ	አብረህ/ሽ ምትኖረው/ዊ the family members you live with,
ሀ	አያት/ayat/Grandparent		
ለ	እናትና አባት/Father and Mother		
ሐ	ልጅ / Children		
መ	ያገባ ማነው? Who is arried?		
ሠ	አማቶች / In-laws		
ረ	የወንድምና እህት ልጅ (ዘመድ) Yewendem ena yeehet lej. (zemed) brother & sister child nephew/niece		

ክፍል ፫ (kefl soset) Part Three

3.2.4

ማን ማን ነው? Manemanew? Who is who?

ተራ	ቤተሰብ/Family	መልስ	አብረህ/ሽ ምትኖረው/ዊ the family members you live with,
ሸ	ዘመድ/zemed cousins ያጎት ልጅ/ያክስት ልጅ yagot lej /zemed yaaxest lej/zemed Uncle and aunt's children are called (Cousins).in Ethiopia		
ቀ	አማቶች እነማ ናቸው? Who are the in-laws?		
በ	የእንጀራ አባት yenjera abat stepfather		

ክፍል ፫ (kefl soset) Part Three

3.2.5

ዓርፍተ ነገር በመስራት መልሱን መጻፍ

Arefet neger bemesrat melsun metsaf

Make a sentence and write the answer.

ምሳሌ/example

አያቶችህ/ሽ እነማን ናቸው ?

Ayatocheh (sh) enmanachew?

Who are your grandparents**?**

መልስ /answer

አቶ ተፈራና ወይዘሮ ጥጋቧ ናቸው

Ato tefera na weyzero tegabuwa nachew.

Mr. Tefera and **Mrs**.Tegabuwa are my grandparents.

ክፍል ፫ (kefl soset) Part Three

3.2.6

ዓረፍተ ነገር መስራ/ arefet neger mesrat

Make a sentence for the given Amharic words in the following spaces.

1. ኢያት (የሴት/የወንድ ________________________________

2. እናት ________________________________

3. አባት ________________________________

4. አክስት ________________________________

5. አጎት ________________________________

ክፍል ፫ (kefl soset) Part Three

3.2.8

ዓረፍተ ነገር መስራት/arefet neger emesrat

Make a sentence for the given Amharic words in the following spaces.

1. እህት _____

2. ወንድም _____

3. ሚስት_____

4. ባል_____

5. ዘመድ _____

3.2.9

ዓረፍተ ነገር መስራት/arefet neger mesrat

Make a sentence for the given Amharic words in the following spaces.

1. እህት _____

2. ወንድምና _____

3. ሚስት _____

4. ባል_____

5. ዘመድ_____

ክፍል ፫ (kefl soset) Part Three

3.2.10

ዓረፍተ ነገር መስራት/arefet neger emesrat

Make a sentence for the given Amharic words in the following spaces.

1. ሞግዚት _____

2. አታክልተኛ_____

3. ዘበኛ_____

4. ወጥ ቤት_____

5. ተላላኪ_____

ክፍል ፫ (kefl soset) Part Three

3.3.1

ሰላምታ / Selamta / Greeting

ሰላምታ አሰጣጥ / Selamta aesetah / Greetings

Note: Ethiopians use greetings according to day, evening, morning or night. Due to that, Ethiopians do not use the AM/PM timing system.

በመንገድ ላይ ሁለት ሰው ሲገናኝ ሰላም(ጤና ይስጥልኝ በማለት)ሰላምታ ይለዋወጣል የሁለቱም መልስ ደህና ሲሆን እግዚአብሄር ይመስገን በማለትም መልስ ይለዋወጣሉ፡

When two people suddenly meet on the road they greet each other by saying **Salaam** or (tenayesetelegne) both people answer by saying **dehna or egzabeher yemesegen**. You will see this more in the exercises.

2. ጤና ይስጥልኝ
When a person meets anyone, they exchange greeting by saying **Tenayestelegne** which is a formal greeting meaning "**Good health to you!**"

መልሱ እግዚአብሔር ይመስገን ወይንም ደህና
Melsu egziabher yemsegen dehna

Answer – Thanks to God, I am fine or fine

153

ክፍል ፫ (kefl soset) Part Three

3.3.2

ሰላምታ / Selamta / Greeting

1.
ሰላም
Selam
Peace to you

2.
ጤና ይስጥልኝ
Tenayestelegne
Good health to you

3.
እንደምን አመሻችሁ
Endemen ameshachehu
Good evening (group)

4.
እንደምን አደራችሁ
Endemen adrachehu
Good morning (group)

5.
እንደምን ዋላችሁ
Endemn alachahu
How is your day?
(Plural)

ክፍል ፫ (kefl soset) Part Three

3.3.3

እንደ ጊዜው ሁኔታ ሰላምታ አሰጣጥ

Endegizew huneta selameta asetah-teh

Greetings accourding to time

1. **እንደምን ዋሉ**

   Endmen walu

   How are you today?

This greeting is for Respected or to an elderly person of any gender.

እግዚአብሄር ይመስገን ደህና

Egziabeher yemesegen dehena

Thanks to God I am fine.

2 **እንደምን ዋልሽ**/ endmen walsh

(How are you today?)(Female)

ደህና

Dehena

Fine

3 እንደምን ዋልክ

Endmen walek

How are you today? (Male)

እግዚአብሄር ይመስገን ደህና

Egziabeher yemesegen dehena

Thanks to God, I am fine.

3.3.4

እንደጊዜው ሁኔታ ሰላምታ አሰጣጥ

Endegizew huneta selameta asetah-teh

Greetings according to time

4. **እንደምን ዋላችሁ**

   Endmen walachehu

   How are you today? (To a group of people)

   እግዚአብሄር ይመስገን ደህና ነን

   Egziabeher yemesegen dehena nene

   Thanks to God, we are fine.

5. **እንደምን አደሩ**

   Endemen aderu

   Good morning. (To a respected person of any gender)

   እግዚአብሄር ይመስገን ደህና

   Egziabeher yemesegen dehena

   Thanks to God, I am fine.

6. **እንደምን አደርክ**

   Endemen aderk

   Good morning. (Male)

   ደህና

   Dehena

   Fine, thank you.

3.3.5

እንደጊዜው ሁኔታ ሰላምታ አሰጣጥ

Endegizew huneta selameta asetah-teh

Greetings according to a time

7   እንደምን አደርሽ
Endmen adersh
Good morning. (Female)

እግዚአብሄር ይመስገን
Egziabeher yemesegen dehena
Thanks to God, fine.

8.   እንድምን አደራችሁ
Endemen aderachehu
Good morning. (Group)

እግዚአብሄር ይመስገን ደህና
Egziabeher yemesegen dehena
Thanks to God, fine.

9.   እንደምን አመሹ
Endemen amshu
Good evening. (For a respected individual of any   gender)

ደህና አመስግናለሁ
Dehena amesegenalehu
I am Fine, thank you.

3.3.6

ሰላምታ አሰጣጥ/**selameta**/Greetings

10. እንደምን አመሸህ
    Endemen amesheh
    Good evening (Male)
    ደህና/Dehena
    (Respond-- Fine)

11. እንደምን አመሸሽ
    Endemen ameshesshe
    Good evening (Female)

    እግዚአብሄር ይመስገን ደህና
    Egziabeher yemesegen dehena
    Thanks to God, I am fine.

12. እንደምን አምሻችሁ
    Endemen ameshachehu
    Good evening (Group)

    እግዚአብሄር ይመስገን ደህና
    Egziabeher yemesegen dehena
    Thanks to God, fine.

ክፍል ፫ (kefel soset) Part Three

3.3.7

ሰላምታ /selameta /Greetings

ሰዓትና ጊዜ የማይወስነው የአክብሮት ወይንም ጾታን የማያመላክት ሰላምታ አሰጣጥ።

Seat na gizey yemaywesnew yeakeberot weyenem tsotan yemayamelaket selamta Aesetate.
You can greet to anybody without addressing time, gender, title or age.

ሰላም በማለት በአጠቃላይ ሰላምታ መስጠት ይቻላል

Salaam bemalet beateqalay selamta mestet yechalal

You can use this greeting, **salaam (peace)** for anyone without addressing time of day, gender or title.

ጤና ይጥልኝ በማለት በአጠቃላይ ሰላምታ መስጠት ይቻላል

Tenayestelgne bemalet beateqalay selamta mestet yechalal

You can greet by saying **Tenayestelgne** (good health to you) to anybody without addressing time, gender and title.

159

ማህበርዊ ግንኙነት/ Social affair

ብዙ ዓይነት መህበራዊ ግንኙነት አሰራር በኢትዮጵያ ይግኛሉ:: ከዚያ ውስጥ መታውቅ ካለበት መሃል ዋናዋናዎቹ እነሆ።

There are several kinds of social affairs; the main ones are as follow:

፩. ሰንበቴ/ Senbetey
፪. ዕድር/ Eder
፫. ማህበር/ Mahber
፬. እቁብ/ Equb
፭. ደቦ/ Debo

፩- ሰንበቴ

በአንድ ዓይነት እምነትና ሃይማኖት ሥር ያሉና አንድ ቤተ ክርስቲያን የሚሄዱ ሰዎች በየሳምንቱ በተራ ምግብ በማዘጋጀት ከጸሎት መልስ አብረው ምግብ የሚመገቡና እንግዶችንም ተቀብለው የሚያስተናግዱ የህብረሰቡ አካል ናቸው።

Senbetey/ Religious groups (Union)

People in one religious belief go into the same church, come together, prepare food and drinks at the church place. The group serves the people who came to church and serve poor too.

መህበርዊ ግንኙነት/ Social affair

፩ ዕድር

ጎረቤት፤ ጉደኛ፤ ቤተሰብ በአንድ ላይ በመሆን በየወሩ ገንዘብ በማዋጣትና በማስቀመጥ በሃዘን ጊዜ የሚያስተዛዝን የቀብር ሥርዓት የሚስፈጽም ሃዘን የደረሰበትንም ቤተሰብ በገንዘብ የሚደጉም የህብረተስቡ አካል ሲሆን ችግር ሲደርስም አባላት እንዲያውቁ በማድረግ ግንኙነት የሚፈጠር የህብርተሰቡ አካል ነው።

Eder/ A united community group for mutual interest in event of burial and departed (funeral).

፪ ማህበር

አንድ ዓይነት አመለካከት ያላቸው ሰዎች በሃይማኖት በዘር በሙያ የጋራ ጥቅም ና መብት ለማስጠብቅ የተሰባሰቡ የህብረተሰቡ አካሎች ናቸው።

Mahber

A union of a common interest people organization formed to protect the right and interst of its member. These group formed base of friendship and to help eachother for mutual benfit.

መህበርዊ ግንኙነት/ Social affair

፩ እቁብ

የተወሰኑ ሰዎች በህብረት አንድ ላይ በመሆን ገንዘብ በማዋጣት ስብሰበው ተራ በተራ ለያንድዳዱ አባል ገንዘብ በመስጠት ለስራ ፣ ቤት ለመግዣ፤ ድርጅት ለማቋቋም፤እንዲረዳ ከወለድ ነጻ የሆነ ገንዘብ ስጦታ የሚዘጋጅ የውዴታ ግዴታ ሕግ ሥር የተሳሰረ ስብስብ ነው::

Equb/ A group of people coming together to contribute money to one person among the group and every month, everybody comes together to contribute money until every member of the committee gets it their share (which is an interest free Fund).

፪ ደቦ

በግብራና ሙያ ላይ ያሉ ገበሬዎች እርሻቸውን ላይ ለመስራትና ስብል ለማሰባሰብ በጋራ አብረው የሚሠሩ ኅረቤታሞች ናቸው። ይህም የሚረዳቸው በሜዳ ላይ የሚገኘው ሰብል (እህል) ዝናብ ወይንም ፀሐይ እንዲያበላሸው ቀልጠፍ ባለ መልክ ሰብሉን ለመሰብሰብ የሚደርግ ትብብር ነው።

Debo/

Farmers Union-beliieves that good opportunity in product agriculture are the foundation of strong farm and rach family. By help each other with crops at the harvesting time.

እውቀት ማዳበሪያ Building Knowledge

ማህበራዊ ግንኙነት/ Social affair

በሚቀጥሉት ማህብራዊ ግንኙነት ቃላት ላይ ዓረፍተ ነገር በመስራት ተግባራቸውን መግለጽ።

Bemiqetelut maheberawi genegnunet qalat laye arefte neger bemesrat tegebaratun megletse.

For each topic, there is a type of social affair group. Look and explain the topic in Amharic, in your own words, in the given lines.

ምሳሌ- እድር አንድ አካባቢ የሚኖሩ ጎረቤታሞች የሚያቋቁሙት የመርዳጃ ማህበር ነው።

1-1

ማህበራዊ ግንኙነት/ Social affair

በሚቀጥሉት ማህብራዊ ግንኙነት ቃላት ላይ ዓረፍተ ነገር በመስራት ተግባራቸውን መግለጽ።

In the following social affair words, explain whats the purpose of it In Amharic (AMARGNA).

መለማመጃ

ሰንበቴ/ Senbetey

___

___

___

___

___

___

___

___

___

___

___

1.2

ማህበራዊ ግንኙነት/ Social affair

በሚቀጥሉት ማህብራዊ ግንኙነት ቃላት ላይ ዓረፍተ ነገር በመስራት ተግባራቸውን መግለጽ፡፡

In the following social affair words, explain whats the purpose of it In Amharic (AMARGNA).

መለማመጃ

ደቦ/Debo

_____

_____

_____

_____

_____

_____

_____

_____

_____

እውቀት ማዳበሪያ Building Knowledge

1.3

ማህበራዊ ግንኙነት/Social affair

በሚቀጥሉት ማህብራዊ ግንኙነት ቃላት ላይ ዓረፍተ ነገር In በመስራት ተግባራቸውን መግለጽ፡፡

In the following social affair words, explain whats the purpose of it In Amharic (AMARGNA).

<u>መለማመጃ</u>

እቁብ/Equb

_____

_____

_____

_____

_____

_____

_____

_____

እውቀት ማዳበሪያ Building Knowledge

1.4

ማህበራዊ ግንኙነት/ Social affair

በሚቀጥሉት ማህብራዊ ግንኙነት ቃላት ላይ ዓረፍተ ነገር በመስራት ተግባራቸውን መግለጽ።

In the following social affair words, explain whats the purpose of it In Amharic (AMARGNA).

ዕድር/Eder

እውቀት ማዳበሪያ Building Knowledge

1.5

ማህበራዊ ግንኙነት/ Social affair

በሚቀጥሉት ማህብራዊ ግንኙነት ቃላት ላይ ዓረፍተ ነገር በመስራት ተግባራቸውን መግለጽ።

In the following social affair words, explain whats the purpose of it In Amharic (AMARGNA).

ማህበር/Mahber

_____

_____

_____

_____

_____

_____

_____

_____

_____

_____

_____

_____

_____

እውቀት ማዳበሪያ Building Knowledge

2.1

ነገር በምሳሌ/ Proverb

Note: These proverbs are not directly translated but interpreted for more understanding.

1. ሆድ ሲያውቅ ዶሮ ማታ
   Hod ciyawq doro mata

   Live with hope

2. ድር ቢያብር አንበሳ ያስር
   Der biyaber anbesa yaser

   United, you will be a winner.

3. ዞሮ ዞሮ መዝጊያው ጭራሮ
   Zoro zoro mezgiyaw cheraro

   No matter what, you cannot change the orgin.

2.2

ነገር በምሳሌ/ Proverb

4. ተልባ ቢንጫጫ በአንድ ሙቀጫ
   Telba binchacha band muqecha

   The louder you are, the more you are not heard.

5. የትም ፍጪው ዱቄቱን አምጪው
   Yetm fichiw duqietun amchiw

   Whatever costs you, wherever you take, just get the result.

2. ብልህ ሴት ለባሏዋ ዘውድ ናት**-
   Blh set lebaluwa zewd nat

   A wise woman is a crown to her husband

7. የቆጡን አወርድ ብላ የብብቱዋን ጣለች
   Yeqotun awerd bela yebebetuwan talech

   Appreciate what you have, be careful about looking for more because you might lose what you have now.

2.3

ነገር በምሳሌ/ Proverb

8. አልጠግብ ባይ ሲተፋ ያድራል
Aetegb bay citefa yaderal

Don't be greedy. Eating too much it will make you throw up.

9. ሆድ ያባውን በቅል ያወጣዋል
Hod yabawn beqel yawetawal

Whatever a drunken person is thinking, it won't be a secret for long.

10. አልሸሹም ዞር አሉ
alesheshum zor alu

A person may think he/she is not involved in a situation; however he/she finds themselves in the middle of it.

2.4

ነገር በምሳሌ/ Proverb

11. የሚያጠግብ እንጀራ ከምጣዱ ያስታውቃል
    Yemiyategb enjera kemtadu yastaweqal

    From the beginning a person knows whether or not he/she will be successful.

12. የታደለች በሰው ሠርግ ተዳረች
    yatadelech besew serg tedarech

    A lucky person gets the 'blessing' before someone else.

13. ማር ሲበዛ ይመራል
    Mar sibeza yemeral

    If one eats too much honey, soon he/she will get sick. Need to know how to balance.

2.5

ነገር በምሳሌ/ Proverb

14. አመድ በዱቄት ይስቃል
Aemed beduqet yesqal

Do not criticize as you do not have difference.

15. ዝም ባለ አፍ ዝንብ አይገባም
Zem bale afe zembe ayegebam

If a person talks too much, they may get a fly in the mouth. Do not talk too much.

16. ሰርገኛ መጣ በርበሬ ቀንጥሱ
Sergegba meta berbere qebtesu

The wedding is today but the reception is not prepared. Plan ahead; don't procrastinate.

17. የፈሩት ይደርሳል የጠሉት ይወርሳል
yeferut yedersal yetelut ywersal

Whatever you fear will become your worst nightmare.

2.6

ነገር በምሳሌ/ Proverb

18. አጥብቆ ጠያቂ የናቱን ሞት ይረዳል
Atebqo Teyaqi yenatun mot yeredal

If you ask too many questions, you may hear things you don't like.

19. የቸገረው እርጉዝ ያገባል
yechegerew erguz yagebal

If you are in need, you will marry someone pregnant.

20. ገራም ልጅ እናተዋም አተወዳት
Geram lej enatewam atewedat

Sometimes being good and polite can hurt.

21 ልጅና ፊት አይበርደውም
Lij na fit ayberdewm

A young person and face never get cold.

2.7

ነገር በምሳሌ/ Proverb

22. አያ ጀቦ ሳታመካኝ ብላኝ

Aya jebo satamekange blange

I know you are ready. You do not have to give me a reason to get me.

23. ዝም አይነቅዝም

Zem Ayneqzem

If you are quiet, you are not bothered.

24. ያልተገላበጠ አረረ ያልጠረጠረ ተመነጠረ

Yaltegelabete arere yaltereter temenetere

If you forget to stir the pot on stove it will burn, meaning if you are not cautious or aware you might get robbed.

25. ዝም ባለ አፍ ዝንብ አይገባም!

Zem bale afe znb aygebam.

If your mouth is shut, a fly won't go in.

Ten percent of proceeds towards overall book sales will go towards ESAC's missions

.

Visit: *www.esacnyc.com*

Take lessen contact us at *lakech_one@yahoo.com*

http://learnamharic.ning.com/

www.ingramcontent.com/pod-product-compliance
Lightning Source LLC
Chambersburg PA
CBHW081149090426
42736CB00017B/3239
* 9 7 8 0 9 7 5 9 9 7 7 3 4 *